Das dreijährige Studium der Rechts- und Staats-Wissenschaften.

Von

Dr. L. Goldschmidt.

„Es spricht wesentlich für die Tüchtigkeit der Menschenrace, die Preußen bewohnt, wenn die aus ihr hervorgehenden Beamten durch die bestehenden Einrichtungen nicht verhindert worden sind, dem Staate so wesentliche Dienste zu leisten, wie sie geleistet haben."

Rede des Grafen von Bismarck-Schönhausen v. 19. December 1868 im Preußischen Herrenhause.

Berlin.
Druck und Verlag von G. Reimer.
1878.

Seinem Lehrer und Freunde

dem Staatsminister a. D. Präsidenten Dr. Julius Jolly

in Karlsruhe

zum 18. Dezember 1877

in Treue

zugeeignet.

Immer wachsende Sorge um die zukünftige Ausbildung des Deutschen Juristen- und Beamten-Standes hat mir die Feder in die Hand gedrückt, und, sollte noch in letzter Stunde genützt werden, zu unerfreulicher Eile getrieben. Du wirst darum, theurer Freund, dessen Zustimmung in der Sache ich gewiß zu sein glaube, manche Unebenheit des Ausdrucks gütig nachsehen.

Berlin, den 6. Dezember 1877.

Im Jahre 1842 erfuhren in der Schrift „Aphorismen über den Rechtszustand Preußens“ der Bildungsgang wie die durch Gesetz und Ministerialrescripte geregelte Dienststellung der Preußischen Richter und Anwälte eine ungemein scharfe Beleuchtung. Der ungenannte Verfasser — meines Wissens Christian Friedrich Koch, wie als juristischer Schriftsteller so in hohen richterlichen Stellungen, ein Vierundvierzigjähriger bereits lange erprobt — drang energisch auf gründliche Universitätsbildung, auf Eine strenge, alsbald nach Beendigung der Universitätsstudien abzulegende, das gemeine wie das vaterländische Recht umfassende Prüfung, und auf weitere „freie“ Ausbildung der Kandidaten in der Praxis. Eine „aus amtlichen Quellen“ geschöpfte hochofficiöse Abfertigung in der Beilage zur Allgemeinen Preußischen Staatszeitung Nr. 341 schließt mit dem Wunsche, „daß der Verfasser in der Folge weniger außerhalb seines Gesichtskreises liegende Gegenstände zum Vorwurf seiner Bearbeitung wählen möge“.

Aehnlich ist es, wenn ich mich recht erinnere, mir ergangen, als ich, freilich noch ein Heidelberger Privatdozent, vor nahezu zwanzig Jahren in den Preußischen Jahrbüchern*) — nach der damaligen Sitte der „Jahrbücher“ ohne Namensnennung — zuerst unter den Fachgenossen eine Reihe verwandter Fragen im Zusammenhange mit der Eigenthümlichkeit des Preußischen Rechts und der Gesammtheit Preußischer Rechtszustände zu erörtern mir erlaubte.**) Ich bin damals zu dem Ergebniß gelangt, daß ein nur dreijähriges Universitätsstudium der Rechtswissenschaft, oder gar der Rechts- und Staatswissenschaften den unumgänglichen Ansprüchen

*) Jahrgang 1859 Bd. III Heft 1. S. 29 ff.: „Das Preußische Recht und das Rechtsstudium, insbesondere auf den Preußischen Universitäten“.

**) Die ungefähr gleichzeitig erschienene Schrift von Hälschner, das juristische Studium in Preußen, Bonn 1859, stimmt in vielen Punkten zusammen. (Vgl. meine Anzeige in den Jahrbüchern Bd. III S. 382). An dem dreijährigen Rechtsstudium hat H. damals noch nicht gerüttelt, wohl aber in seiner am 19. December 1868 im Preußischen Herrenhaus gehaltenen Rede.

an die wissenschaftliche Reife unserer Rechtskandidaten nicht genügt, daß es unerläßlich sei, alsbald mit einem freilich tief eingewurzelten Vorurtheil zu brechen, und daß ohne diesen ersten nothwendigsten Schritt alle noch so wohlgemeinten Reformversuche, wie bisher nahezu völlig im Sande verlaufen müssen. Dieses Vorurtheil hatte, vermöge des erstaunlichen Beharrungsvermögens alter dauernder Zustände und unterstützt durch den anscheinenden Vorzug größerer Wohlfeilheit, allmählich die Macht eines freilich nur Preußischen „Dogma's" angenommen, welches um seine Gründe zu befragen, ja auch nur mit Gründen zu vertheidigen schon ein bedenklicher Anfang von Ketzerei war. Der Glaube freilich ist seither verschwunden, nachdem die Frage wiederholt von zahlreichen angesehenen Fachgenossen und in parlamentarischen Versammlungen erörtert worden, und es wird der Verlauf dieser Erörterungen ergeben, daß restirt nur ein abgestandenes und verjährtes, leider noch immer in weiten Kreisen der Bevölkerung verbreitetes Vorurtheil, nicht minder, daß nur die erstaunliche Langmuth der gesetzgebenden Faktoren unseres Staates die Abstellung eines Mißbrauchs verhindert hat, welchem sicherlich ein Ende gemacht wird, sobald seine ganze Gefährlichkeit und völlige Unverträglichkeit mit den nothwendigsten und selbstverständlichen Zielen jeder Studienordnung erkannt werden wird. Alles was seither geschrieben und gesprochen ist, hat, wenn es überhaupt in die Ministerialbureaux gedrungen, kaum einen flüchtigen Nachhall gelassen, es ist dermaßen abgeprallt an dem zähen Widerstande des Preußischen Justizministeriums, daß sogar bei wiederholter Erörterung in den beiden Häusern des Preußischen Landtags nur ein Mal, und zwar im Herrenhause, ein entsprechender Antrag versucht wurde. Es wäre vielleicht Pflicht, wenn nicht der Obergerichte, doch mindestens der hierin sicherlich einmüthigen Preußischen Juristenfakultäten gewesen, sich in gemeinsamer Vorstellung an das ihnen vorgesetzte Unterrichtsministerium zu wenden. Allein dergleichen Vorgänge sind in Preußen bekanntlich nicht üblich. Auch hätte der Unterrichtsminister die Fakultäten an den Justizminister verwiesen, vor welchen ausschließlich die Angelegenheit ressortire, und der Justizminister hätte den Petenten vermuthlich rescribirt, daß die Sache längst zur vollen Zufriedenheit geregelt sei, auch die Zustände sich sicherlich noch erfreulicher gestalten würden, wenn nur die Professoren ihre Vorträge „praktischer" einrichteten.

Auch ich habe seither meine Beobachtungen über die thatsächlichen Vorgänge in Preußen wie anderswo fortgesetzt, die Literatur *) wie die parlamentarischen Verhandlungen **) über diese Frage verfolgt, soweit ich zur eigenen Beobachtung außer Stande war, aus den zuverlässigsten Quellen Erkundigung eingezogen. Wenn ich mir nun bewußt bin, nicht ohne mannigfache Bereicherung an Erfahrungen und Wissen die verflossenen zwanzig Jahre durchlebt zu haben und gleichwohl in meinen damaligen Ueberzeugungen nur durchaus bestärkt worden bin, wenn ich sicher bin, daß wie inzwischen andere von mir im Zusammenhange jener Schrift berührte Fragen — die Beseitigung der zweiten Prüfung, die würdigere Vertretung des Preußischen Rechts auf den Universitäten, die Einsetzung gemischter — augenblicklich freilich in einem sehr merkwürdigen Abzehrungszustand befindlicher — Prüfungskommissionen, die Freigebung der Advokatur und die Schaffung eines Deutschen Civilgesetzbuchs — bereits ihre richtige Lösung gefunden haben oder dieser Lösung entgegengehen, so auch hier der Sieg nicht fehlen kann, so mag es gegenwärtig, da die endliche Entscheidung bevorsteht, wohl angemessen sein, von Neuem eine Angelegenheit zur Sprache zu bringen, deren entscheidende Wichtigkeit wie für sämmtliche Deutsche Universitäten, und zwar keineswegs oder auch nur vorwiegend für deren Rechtsfakultäten, so für das gesammte Rechts- und Staats-Leben zwar in Zeiten der sogenannten politischen Fragen und der

*) Sie ist im Wesentlichen vollständig verzeichnet in der sehr beachtenswerthen eindringenden Abhandlung von O. Gierke, die juristische Studienordnung (Jahrbuch für Gesetzgebung, Verwaltung und Volkswirthschaft, h. von v. Holtzendorff u. Brentano. Jahrg. I. 1877 Nr. 1). Dazu aus neuster Zeit Ad. Wagner, Zur Statistik u. zur Frage der Einrichtung des nationalökonomischen und statistischen Unterrichts an den Deutschen Universitäten (Zeitschr. des K. Preußischen statistischen Bureau's Jahrg. XVII. 1877) insbes. S. 144. — Es sind Schriften von folgenden Universitätslehrern: Hälschner (Bonn), Ortloff (Jena), Nasse (Bonn), v. Stintzing (Erlangen u. Bonn), Muther (Königsberg u. Jena), Dahn (Würzburg u. Königsberg), G. Meyer (Jena), Göppert (Breslau), L. v. Stein (Wien), Strauch (Heidelberg), Gierke (Breslau), A. Wagner (Berlin), v. Bethmann-Hollweg (früherer Preußischer Unterrichtsminister). S. auch Brunner (Berlin) in den Verh. des 11. Juristentages II. S. 40.

**) Verhandlungen der beiden Häuser des Preußischen Landtags über das Gesetz v. 6. Mai 1869 über die juristischen Prüfungen und die Vorbereitung zum höheren Justizdienst; über den Entwurf eines Gesetzes betr. die Befähigung für den höheren Verwaltungsdienst 1875—1877; Verhandlungen der Justizkommission des Deutschen Reichstags.

großen Parteikämpfe übersehen werden mag, aber schwerlich einem aufmerksamen Beobachter verborgen bleiben kann. Sie ist, wenn auch nicht das Alpha und Omega, doch ohne Zweifel das Alpha aller Reformen des Rechts- und Verwaltungs-Dienstes im weitesten Sinne, das ist, um von vorneherein jedes Mißverständniß abzuschneiden, deren nothwendiger Ausgangspunkt. Mit ihrer richtigen Lösung ist zunächst nichts weiter, als die bisher gänzlich fehlende Möglichkeit einer richtigen Studien-Examen-Vorbereitungs-Ordnung gewonnen; ohne diesen ersten Schritt bleiben die schönsten Gesetze und Reglements über Verschärfung der Prüfungen nach Form wie nach Inhalt, über den Kreis der zu durchmessenden Studien u. dgl., nach wie vor eitle Worte, durch welche man sich selbst zu täuschen sucht, das Land zeitweise täuscht.

Vielleicht daß den folgenden, nothwendig einen ziemlich umfassenden Kreis beschreibenden Betrachtungen manche Wechselfälle des Lebens zu Gute kommen, welche mir eine, wenn auch nicht unbefangenere, doch immerhin vielseitigere Prüfung als Einzelnen meiner Fachgenossen ermöglicht haben. Daher, obwohl mein Lebenslauf Niemanden interessirt, will ich doch zu meiner Legitimation anführen, daß ich an verschiedenen, sehr hervorragenden auch nichtpreußischen Universitäten als Student die Art des Studienganges kennen gelernt habe; daß vierjährige Beschäftigung bei Altpreußischen Gerichten unter Leitung einzelner ungewöhnlich hervorragender, zum Theil auch wissenschaftlich vollkommen durchbildeter Männer mir ausreichenden Einblick in den praktischen Vorbereitungsgang unserer jüngeren Juristen eröffnet hat; daß eine fünfzehnjährige, das Römische und Handels-, ursprünglich auch das Preußische Recht, Encyclopädie, Exegetika und Praktika umfassende Lehrthätigkeit an der Universität Heidelberg — zu einer Zeit, wo mindestens der Collegienbesuch feste Tradition war und mehr gearbeitet wurde, als auf vielen Preußischen Hochschulen — mich mit den Rechtszuständen des westlichen Deutschlands einerseits, wie mit dem Bildungsgange von Rechtsstudenten aus allen Theilen Europa's, vornehmlich aber aus Preußen, einigermaßen vertraut gemacht hat. Endlich habe ich, vor meiner Berufung an die Berliner Universität, als Rath am Reichs-Oberhandelsgericht fünf Jahre lang in Mitteldeutschland verlebt, in vielseitig befruchtendem Verkehr mit hochbegabten und erfahrenen Praktikern aus allen Gegenden unseres Vaterlandes, habe hier an der Entscheidung von tausenden wichtiger Prozesse Theil genommen, als Referent viele hunderte von dickleibigen Akten, enthaltend Anwaltsschriften und richterliche Urtheile sämmtlicher Instanzen, wiederum aus allen Theilen Deutschlands, genau durchstudirt und Plaidoyers von Anwälten nahezu sämmtlicher Deutscher Staaten, in welchen mündliches Verfahren herrscht, angehört. So dürfte schon mein Lebensgang mich gegen jede einseitige Verherrlichung theoretischer Studien gewahrt haben, und ich glaube die große Bedeutung der Praxis, sogar für die wissenschaftliche Erkenntniß und Fortbildung des Rechts, energischer als irgend Jemand unter meinen Fachgenossen oft genug betont zu haben. Endlich brachten auch meine mehr theoretischen Arbeiten seit nahezu 25 Jahren es mit sich, daß ich die praktischen Leistungen, insbesondere die Urtheilssprüche der verschiedensten Gerichte Deutschlands, kennen zu lernen, deren wissenschaftlichen Werth wie deren Brauchbarkeit für die Bedürfnisse des Lebens zu würdigen Gelegenheit fand. —

I.

Nach dem so eben vorgelegten „Entwurf eines Ausführungsgesetzes zum Deutschen Gerichtsverfassungsgesetze„ und dem wiederholt vorgelegten „Entwurf eines Gesetzes betreffend die Befähigung für den höheren Verwaltungsdienst“ soll noch in der gegenwärtigen Session des Preußischen Landtags über die theoretische wie praktische Vorbereitungszeit der Juristen und der höheren Verwaltungsbeamten für Preußen, somit für den größten Theil Deutschlands endgültige Entscheidung getroffen werden. Ja die mittelbare Tragweite, mindestens des ersten Gesetzentwurfs erstreckt sich sogar über Preußen hinaus. Denn, nach § 3 des Gerichtsverfassungsgesetzes für das Deutsche Reich, kann wer in einem Bundesstaate die erste Prüfung bestanden hat, in jedem anderen Bundesstaate zur Vorbereitung für den Justizdienst und zur zweiten Prüfung zugelassen werden, und nach § 5 desselben Gesetzes ist, soweit es keine Ausnahme bestimmt, wer in einem Bundesstaate die Fähigkeit zum Richteramte erlangt hat, zu jedem Richteramte innerhalb des Deutschen Reichs befähigt. Darf nun der Preußische Jurist, welcher nur 3 Jahre studirt hat, in jedem Deutschen Staate als Richter angestellt werden, so läßt es sich den mittleren und kleineren Staaten Deutschlands, wie wenig sie auch, meines Wissens, von dem Segen des Preußischen Systems enthusiasmirt sind, doch schwerlich zumuthen, den angehenden Juristen ihres Landes, welche die mögliche Concurrenz Preußischer Richter zu dulden haben, die bisher gesetzliche längere Studienzeit vorzuschreiben. Da endlich in der zu erwartenden Deutschen Anwaltsordnung wohl schwerlich — nach dem Vorgange Oesterreichs — an den künftigen Anwalt, und in den künftigen Notariatsordnungen der Einzelstaaten unmöglich an den Notar höhere wissenschaftliche Anforderungen gestellt werden, als an den Richter, so ist mit Annahme der gegenwärtigen Gesetzesvorlagen die wichtige Frage virtuell für sämmtliche praktische Juristen des ganzen Deutschen Reichs, zugleich aber für alle höheren Verwaltungsbeamten mindestens des Preußischen Staats entschieden*).

Eine Uebereilung darf nicht wieder stattfinden. Wenn — und alles dies ergibt sich unwiderleglich aus den Landtagsverhandlungen, insbesondere des Abgeordnetenhauses — in den Jahren 1868/69 der Preußische Landtag, wider die bessere Ueberzeugung vieler, vielleicht der meisten Mitglieder, der Regierungsvorlage aus Opportunitätsrücksichten beitrat, weil es dringend Noth that, wenigstens das ganz unzweckmäßige zweite Examen zu beseitigen und die alten mit den neuen Landestheilen insoweit zu einer Einheit zu verschmelzen, wenn wiederholt und nachdrücklich der „provisorische" und Noth-Charakter der Gesetzesvorlage für die „Uebergangszeit" betont**) wurde, für welche, ohne die Frage von der Zweckmäßigkeit dreijährigen Studiums und vierjährigen Vorbereitungsdienstes oder umgekehrt definitiv zu entscheiden, das in Preußen und Hannover gleichmäßig geltende Recht einstweilen festgehalten werden müsse, der Justizminister aber jeder Verlängerung der Studienzeit einerseits und der vom Abgeordnetenhause sogar beschlossenen Verkürzung der praktischen Vorbereitungszeit andererseits den entschiedensten Widerstand entgegenstellte, die Festhaltung einer vierjährigen praktischen Vorbereitungszeit als eine „Lebensfrage" für die Regierung bezeichnen ließ; wenn auf der so geschaffenen gesetzlichen Basis, deren angeblich provisorischer Charakter alsbald in Vergessenheit gerathen war, der Gesetzentwurf über die

---

*) Man schreibt mir von kompetentester Seite aus Württemberg: „Es ist eine schwere Sorge, daß durch das reichsgesetzliche Triennium allmählich auch eine schlimme Rückwirkung auf die Solidität des hiesigen Rechtsstudiums ausgeübt werden könnte".

**) Verhandl. des Preuß. Abgeordnetenhauses 1869, Sten. Ber. II. Insbes. S. 1825—1827. Vgl. auch ebenda S. 2087 ff.

Befähigung zum höheren Verwaltungsdienst sich aufbaute, und man nunmehr im Landtage theils Bedenken trug, an dieser Basis zu rütteln, theils erst die Ergebnisse des Deutschen Gerichtsverfassungsgesetzes abwarten wollte — so ist von alledem gegenwärtig gar keine Rede. Es steht nicht ein provisorisches, nicht ein Noth-, nicht ein Opportunitäts-Gesetz, sondern eine endgültige und definitive gesetzliche Feststellung in Frage, deren Inhalt vielleicht auf Generationen hinaus für das Geschick des gesammten Standes der Juristen und Verwaltungsbeamten Deutschlands maßgebend sein wird.

§ 1 des Gesetzentwurfs lautet:

> Die Prüfungen, durch deren Ablegung die Fähigkeit zum Richteramte erlangt wird und der Vorbereitungsdienst der Referendare erfolgen nach den Vorschriften des Gesetzes vom 6. Mai 1869. — Die Dauer des Vorbereitungsdienstes bleibt eine vierjährige.

Das hiernach auch für die Zukunft maßgebende Gesetz vom 6. Mai 1869 enthält folgende hier interessirende Bestimmungen:

> § 1. Zur Bekleidung der Stelle eines Richters, Staatsanwaltes, Rechtsanwaltes (Advokatanwaltes, Advokaten) oder Notars ist die Zurücklegung eines dreijährigen Rechtsstudiums auf einer Universität und die Ablegung zweier juristischer Prüfungen erforderlich. —
>
> Der Justizminister hat die Befugniß, mit Rücksicht auf das vorangegangene Universitätsstudium in einer anderen Disziplin, als in der Rechtswissenschaft, von dem vorgeschriebenen dreijährigen Rechtsstudium einen angemessenen Zeitraum zu erlassen.
>
> § 4. Den Gegenstand der (ersten) Prüfung bilden die Disziplinen des öffentlichen und Privatrechts und der Rechtsgeschichte, sowie die Grundlagen der Staatswissenschaften.
>
> Die Prüfung muß auf Erforschung der positiven Kenntnisse des Kandidaten, seiner Einsicht in das Wesen und die geschichtliche Entwicklnng der Rechtsverhältnisse, sowie darauf gerichtet werden, ob der Kandidat sich überhaupt die für seinen künftigen Beruf erforderliche allgemeine rechts- und staatswissenschaftliche Bildung erworben habe.
>
> § 10. Die große Staatsprüfung ist eine mündliche und

und schriftliche und soll einen wesentlich praktischen Charakter an sich tragen.

Von diesen zur Zeit gesetzlichen Vorschriften wird, wie auch die Motive hervorheben, die Befugniß des Justizministers fortfallen, von dem vorgeschriebenen dreijährigen Rechtsstudium mit Rücksicht auf ein vorgängiges anderweitiges Universitätsstudium zu dispensiren, da das insoweit maßgebende Deutsche Gerichtsverfassungsgesetz eine derartige Befugniß ausschließt.

In Verbindung hiermit steht der Gesetzentwurf, betreffend die Befähigung für den höheren Verwaltungsdienst, dessen gegenwärtige, insoweit von beiden Häusern des Landtags angenommene Fassung lautet:

> § 1. Zur Erlangung der Befähigung für den höheren Verwaltungsdienst ist ein mindestens dreijähriges Studium der Rechte und der Staatswissenschaften und die Ablegung zweier Prüfungen erforderlich.
>
> § 2. Die erste Prüfung ist die erste juristische, für deren Ablegung die §§ 1—5 u. 14 des Gesetzes vom 6. Mai 1869 maßgebend sind.
>
> Die zweite Prüfung — große Staatsprüfung — ist bei der Prüfungskommission für höhere Verwaltungsbeamte abzulegen.
>
> § 3. Zur zweiten Prüfung für den höheren Verwaltungsdienst ist eine Vorbereitung von wenigstens zwei Jahren bei den Gerichtsbehörden und von wenigstens zwei Jahren bei den Verwaltungsbehörden erforderlich.

Es ist somit der Rahmen, welchen das Deutsche Gerichtsverfassungsgesetz § 2:

> „Die Fähigkeit zum Richteramte wird durch Ablegung zweier Prüfungen erlangt.
>
> Der ersten Prüfung muß ein dreijähriges Studium der Rechtswissenschaft auf einer Preußischen Universität vorangehen. —
>
> Zwischen der ersten und zweiten Prüfung muß ein Zeitraum von drei Jahren liegen, welcher im Dienste bei den Gerichten und bei den Rechtsanwälten zu verwenden ist, auch zum Theil bei der Staatsanwaltschaft verwendet werden kann.

In den einzelnen Bundesstaaten kann bestimmt werden, daß der für das Universitätsstudium oder für den Vorbereitungsdienst bezeichnete Zeitraum verlängert, oder daß ein Theil des letzteren Zeitraums, jedoch höchstens 1 Jahr, im Dienste bei den Verwaltungsbehörden zu verwenden ist oder verwendet werden darf."

aufstellt, dahin ausgefüllt, daß von der Befugniß zur Verlängerung der Universitätsstudien kein Gebrauch gemacht, umgekehrt von der Befugniß zur Verlängerung des praktischen Vorbereitungsdienstes durch Erweiterung desselben auf vier Jahre Gebrauch gemacht wird.

Auch die Motive des ersten Gesetzentwurfs, deren Beleuchtung die Aufgabe der folgenden Darstellung bilden wird, mögen, der besseren Uebersicht halber, an dieser Stelle mitgetheilt werden. Die einschlägigen Worte lauten: „Die Zeit des Universitätsstudiums ist reichsgesetzlich auf 3 Jahre festgesetzt. Das Reichsgesetz gestattet der Landesgesetzgebung, diesen Zeitraum zu verlängern. Für Preußen liegt zu einer solchen Verlängerung kein Bedürfniß vor. Ein dreijähriger Zeitraum des Universitätsstudiums in Verbindung mit dem darauf folgenden vierjährigen praktischen Vorbereitungsdienste hat sich durch eine langjährige Erfahrung als ausreichend erwiesen und bei dem schon seit Jahren herrschenden Mangel an richterlichen Kräften würde es ein gewagtes Experiment sein, ohne dringende Veranlassung die schon ohnehin schwer zu erfüllenden Bedingungen für die Befähigung zum Richteramte noch durch Verlängerung der Zeit des Universitätsstudiums zu verschärfen. Mit Rücksicht auf diese durchschlagenden praktischen Erwägungen scheint ein weiteres Eingehen auf die Frage, ob an sich die Festsetzung eines dreijährigen oder eines vierjährigen Rechtsstudiums mehr zu empfehlen sei, entbehrt werden zu können. Uebrigens steht die Frage im innigsten Zusammenhange mit der Frage der praktischen Vorbereitungszeit. Wenn für Preußen mit Rücksicht auf die obwaltenden besonderen Verhältnisse an der bestehenden vierjährigen praktischen Vorbereitungszeit unter allen Umständen festgehalten werden muß, so kann die Dauer des Universitätsstudiums, sofern der Staat überhaupt noch auf eine ausreichende Zahl von Personen, die sich der richterlichen Laufbahn widmen, soll rechnen können, nicht auf mehr als drei Jahre festgesetzt werden". Sodann wird ausgeführt, inwiefern die besonderen Verhältnisse Preußens die vierjährige praktische Vorbereitungszeit erheischen. „Die Erfahrungen, namentlich die Ergebnisse der zweiten Prüfung, haben gezeigt, daß eine vierjährige Vorbereitungszeit gerade mit Rücksicht auf die gleichzeitige Vorbereitung für die umfassende und schwierige Thätigkeit des Richters in den Sachen der nicht streitigen Gerichtsbarkeit für die weitaus größte Mehrzahl der Referendare nur eben hinreicht, um ihnen die Aneignung des unbedingt nothwendigen Maßes von Kenntnissen für das gesammte richterliche Berufsfeld zu ermöglichen. Im Anschluß an solche Erfahrungen würde eine Kürzung der praktischen Vorbereitungszeit um so bedenklicher sein, als durch das neue Civilprozeßverfahren den bestehenden Preußischen Prozeßgesetzen gegenüber die Anforderungen an die Kenntnisse, die praktische Gewandtheit und Leistungsfähigkeit der Richter und noch mehr der Rechtsanwälte erheblich gesteigert sind." Endlich wird noch erwähnt, daß es nicht gerathen sei, ein Jahr der Vorbereitungszeit bei den Verwaltungsbehörden zu verwenden. „Mit Rücksicht auf das Durchschnittsmaß menschlicher Fähigkeiten und mit Rücksicht auf die durch die Prozeßordnungen noch gesteigerten Ansprüche an die Richter scheint es sich nicht zu empfehlen die vorbereitende Thätigkeit der Referendare zu zersplittern."

Es mag, wenngleich ich persönlich eine praktische Ausbildung des jungen Juristen im Gebiete der Verwaltung für äußerst zweckmäßig erachte, dieser schwierige Punkt hier ganz bei Seite, auch einstweilen das zeitliche Verhältniß zwischen der Dauer der Universitätsstudien und der Dauer des Vorbereitungsdienstes unberührt bleiben. Nur leuchtet auf den ersten Blick ein, daß sich die mechanische Schablone kaum weiter führen läßt, als aus der angeblich unerläßlichen vierjährigen Dauer praktischer Vorbereitung rückwärts auf die richtige Dauer der Universitätsstudien, d. i. doch der für erforderlich erachteten wissenschaftlichen Vorbereitung, zu schließen, somit einen „abstrakten Referendar" zu construiren, welcher ebensowohl ein nicht nur im Gebiet der Rechts- und Staatswissenschaften, sondern auch hinsichtlich seiner allgemeinen Bildung völlig unreifer, vielleicht gar geistig verwahrloster Mensch, wie ein ausgezeichnet geschulter und durchbildeter junger Mann sein kann. Auch das erste ist ja leider häufig genug. Und doch soll für „jeden" Referendar, den hervorragend begabten und fleißigen wie den mittelmäßig oder schlecht begabten und lässigen, für den hochdurchbildeten wie für den in seinem Fache ganz ungebildeten die gleiche praktische Vorbereitungszeit unerläßlich sein! Es handelt sich doch wohl in dieser Frage — was immer wieder vergessen wird — allein und ausschließlich um einen pädagogischen Grundsatz, nicht um ein eigenthümliches Preußisches Justizministerialprinzip. Vielleicht läßt sich dieses „Prinzip" einfacher und deutlicher in folgender Weise formuliren: 7 Jahre bilden die längstmögliche Vorbereitungszeit; von dieser braucht die Justizverwaltung zur praktischen Ausbildung unumgänglich 4 Jahre; wer subtrahiren kann, weiß somit, woran er sich hinsichtlich der Universitätsstudien zu halten hat; „unpraktische" Leute, welche die vier Species nicht kennen, dürfen wir ignoriren.

Indessen, einstweilen sogar die Triftigkeit dieser Argumentation zugegeben, so würde doch immer in erster Linie die Frage zu beantworten sein, ob ein dreijähriges Universitätsstudium unter Berücksichtigung aller bestehenden thatsächlichen Verhältnisse auch nur für diejenigen Anforderungen ausreicht, welche der Staat ganz nothwendig an den rechts- und staatswissenschaftlichen Bildungsstand der in den praktischen Vorbereitungsdienst eintretenden künftigen Richter, Anwälte, Verwaltungsbeamten stellen muß und von jeher in Gesetz und Reglement gestellt hat, und es wird, wenn diese Frage mit einem entschiedenen Nein beantwortet werden muß, augenscheinlich nur die Wahl bleiben, entweder neben einem längeren Universitätsstudium die vierjährige praktische Vorbereitungslaufbahn festzuhalten oder die letztere angemessen zu verkürzen. Auf diesen Punkt soll zum Schlusse eingegangen werden. —

Vielleicht wäre die wiederholte sehr unerquickliche Erörterung der zunächst relevanten Frage mir und Anderen erspart worden, wenn bereits die gesetzgebenden Faktoren des Deutschen Reichs eine mehr als fakultative Lösung versucht hätten. Indessen darf weder der Justizcommission noch dem Deutschen Reichstag selbst aus dieser Unterlassung ein Vorwurf gemacht werden. Man hat sich, und meines Erachtens, mit guten Gründen für die Aufstellung eines bloßen minimalen Normalstatuts durch § 2 des Deutschen Gerichtsverfassungsgesetzes entschieden.

Bekanntlich ist dieser Satz, nebst allen anderen das „Richteramt" betreffenden Bestimmungen des ersten Titels (§§ 1—11) nicht aus der Initiative des Bundesraths hervorgegangen. Die Gesetzesvorlage und deren Motive schweigen über all dies vollständig. Erst die Justizcommission des Reichstages hat auf den Antrag der Abgeordneten Dr. Bähr und Genossen die entsprechenden, unverändert in das jetzt geltende Gesetz übergegangenen Beschlüsse gefaßt. Dabei ist weder die Frage des dreijährigen oder vierjährigen Rechtsstudiums noch auch nur von der nothwendigen Dauer des praktischen Vorbereitungsdienstes einer eingehenden Erörterung unterzogen. Vielmehr hat der Deutsche Reichstag in seinen Plenarversammlungen sich niemals mit diesen Gegenständen befaßt, sogar die Justizcommission hat der so wichtigen Frage kaum die Hälfte Einer Sitzung (der 95ten vom 30. October 1875) gewidmet, und ist bei der wiederholten Berathung dieses Titels auf dieselbe gar nicht zurückgekommen. All das hatte seine guten Gründe. Ein Versuch der Justizcommission, von Reichs wegen über ein durchaus unerläßliches Minimum von Erfordernissen hinauszugehen, hätte um so mehr jede Feststellung verhindert, als der ganze Titel vom Richteramt besonders delikate Gegenstände ordnet, und wider den sehr entschiedenen prinzipiellen Einspruch des Bundesraths beschlossen wurde. An der Feststellung eines vierjährigen Rechtsstudiums wäre voraussichtlich der ganze Abschnitt mit seinen politisch wichtigen Sätzen gescheitert, und indem die Justizcommission nirgends hinter das bestehende Recht zurückging, durfte sie mit gutem Vertrauen die Ausfüllung des aufgestellten Rahmens einer richtigen Einsicht der Landesgesetzgebung überlassen. Aus diesem völlig durchschlagenden Grunde hat denn auch der Reichstag von jeder Erörterung abgesehen, und mußte dies um so mehr, als das bekannte Compromiß jedes Betreten vielumstrittener Gebiete wo nicht ausschloß, doch höchst unzweckmäßig erscheinen ließ.

Daher wird denn auch in dem an den Reichstag erstatteten schriftlichen Bericht der Justizcommission (Berichterstatter Miquél und Hauck) lediglich gesagt, daß die Justizcommission sich mit ihren Minimalanforderungen für die Qualifikation zur Ausübung des Richteramtes „in den äußersten Grenzen" gehalten zu haben glaube, und daß den Einzelstaaten unbenommen bleibe, höhere Anforderungen zu stellen, wie solche in verschiedenen Staaten bereits gestellt würden; daß endlich von dem Erlaß der sehr wünschenswerthen Deutschen

Prüfungsordnung unmöglich die Einführung des Gerichtsverfassungsgesetzes abhängig gemacht werden könne.

Wie wenig es aber im Sinne der Justizcommission lag, daß die Feststellung der unter allen Umständen unumgänglichen Minimalstudienzeit von drei Jahren sich überhaupt und für Preußen insbesondere empfehle, und daß es eine völlige Umkehrung ihres Gedankens sein würde, wollte man — wie dies in den Motiven des Preußischen Gesetzentwurfs geschieht — das vierjährige Rechtsstudium als eine nur aus besonderen Gründen anzuordnende Ausnahme erachten, ergibt sich deutlich genug aus ihrer freilich sehr kursorischen Berathung. Der (Preußisch-Hannoversche) Abgeordnete Pfafferott hatte, entgegen dem von den meisten Mitgliedern der Commission gestellten Grundantrag, befürwortet, mit Rücksicht vornehmlich auf das militärische Dienstjahr, einen mindestens vierjährigen Studienkurs vorzuschreiben, dagegen die praktische Vorbereitungszeit endgültig auf 3 Jahre zu fixiren. Die Commission scheint, mit Ausnahme des Abgeordneten Marquardsen (Professor in Erlangen), welcher dem Antrag unbedingt beitrat, in der Ablehnung einig gewesen zu sein, obwohl der Abgeordnete Krätzer (Bayern) schlechthin, der Abgeordnete Lasker unter Voraussetzung eines Zwischenexamens, der Abgeordnete Struckmann (Hannover) wenigstens hypothetisch — obwohl bei den bestehenden ökonomischen Verhältnissen nicht leicht durchführbar — ihre Uebereinstimmung mit dem Antragsteller aussprachen. Direkt entgegentraten, von Opportunitätsrücksichten abgesehen, theils die Regierungskommissarien, theils einzelne Abgeordnete. Vornehmlich führte der Preußische Regierungskommissar aus, daß die Meinungen noch sehr auseinandergingen (?); daß man wirkliche Arbeit auch bei Anordnung eines vierjährigen Studiums nicht erzwingen könne; daß die gleichmäßige Fixirung unangemessen sei, weil jedenfalls der aus dem Juristenstande hervorgehende Verwaltungsbeamte einer längeren Studienzeit bedürfe. Der Abgeordnete v. Schwarze (Sachsen) äußerte, daß nach seinen langjährigen Erfahrungen als Prüfungskommissar es weniger auf die Studienzeit als auf den Fleiß und die Leistungen im Examen ankomme, und „Mancher“ sich in 3 Jahren genügende Kenntnisse erworben habe. Der Abgeordnete Gaupp (Württemberg) erwartete Abhülfe von einer so strengen Prüfungsordnung, „daß die Examinanden sich in der Regel die nöthigen Kenntnisse nicht in drei Jahren erwerben könnten"; daß man auch Rücksicht auf ein etwa zuvor getriebenes anderes Fachstudium nehmen müsse. Der Abgeordnete Becker (Oldenburg) meinte insbesondere, daß die Militärdienstzeit nicht angerechnet werden solle. Ein dreijähriges Rechtsstudium erachtete für ausreichend der Abgeordnete Reichensperger, sofern man nur für bessere Lehrer sorge; der Abgeordnete Herz (Bayern), sofern die Lehrer den „an sich so trockenen" Stoff nur anziehender und praktischer vortrügen, Repetitorien wie Konversatorien hielten, endlich nicht so lange Ferien machten.

Die hier beiläufig entgegengestellten Gründe werden später im Zusammenhang gewürdigt, einige thatsächliche Aufstellungen berichtigt werden. Selbstverständlich gingen die Mitglieder der Justizkommission, verschiedenen Theilen Deutschlands angehörig, von denjenigen Erfahrungen aus, welche sie in ihrer engeren Heimath gemacht hatten. Zur Orientirung mag daher schon hier hervorgehoben werden, daß das von Altersher übliche Triennium in Preußen durch eine Cabinetsordre v. 12. October, vgl. Circular v. 27. November 1804 und Rescr. v. 2. Mai 1812 (Anhangs §. 448 zu A.G.O. III. 4)*), fixirt worden ist, um dem Mißbrauch einer noch kürzeren Studienzeit entgegenzutreten und den Uebergang zur Praxis zu erschweren; die Ausdehnung dieser Vorschrift auf die neuen Landestheile, in welchen sehr verschiedene Normen thatsächlich befolgt wurden — wie denn namentlich in Schleswig-Holstein (wie noch jetzt in Mecklenburg) eine weitaus längere Studienzeit üblich, während in Hannover durch eine Bekanntmachung v. 8. Januar 1856 ein mindestens dreijähriges Universitätsstudium und vierjähriger praktischer Vorbereitungsdienst vorgeschrieben war — ist durch das Ges. v. 6. Mai 1869 erfolgt. Dagegen ist nicht allein in Oesterreich ein vierjähriges Studium der Rechts- und Staatswissenschaften, zu welchem bei sehr zahlreichen Rechtskandidaten, insbesondere denjenigen, welche sich der Advokatur widmen wollen, noch die Ablegung des sehr strengen, mindestens weitere einjährige Vorbereitung erfordernden juristischen Doktorexamens hinzutritt, gesetzlich angeordnet — für die bloßen Rechtsakademieen freilich von Ungarn, Kroatien und Siebenbürgen genügt oder genügte doch bis vor Kurzem ein nur dreijähriges Studium der Rechtswissenschaft —

*) Mathis, Jur. Monatsschr. I S. 56.

sondern auch in Bayern. Für Baden ist ein 3½jähriges Fachstudium obligat; thatsächlich meldet sich, zumal der Abgang von den Lyceen ebenso wie die Staatsprüfung nur im Herbst stattfindet, kaum Jemand vor vollendetem achtem Semester zum Examen. In Württemberg beträgt die gesetzliche Minimalzeit nur 3 Jahre, doch stellen sich nur wenige Candidaten vor Ablauf des vierten Jahres, wohl über die Hälfte erst nach 4½ oder 5 Jahren zur Prüfung. Ganz ähnlich im K. Sachsen, wo wohl niemals ein Kandidat sich im 7., selten im 8. Halbjahr zum Examen meldet, vielmehr regelmäßig mindestens 8 Semester studirt wird *).

Daß in Preußen eine derartige Tradition längeren Studiums nicht besteht, vielmehr das gerade Gegentheil davon, wird später berührt werden.

Endlich ist noch zu erwähnen, daß in dem so „praktischen" Frankreich zu dem allgemein vorgeschriebenen sehr strengen dreijährigen Rechtsstudium für Jeden, welcher entweder das sehr häufige Doktorexamen ablegen oder zu einem höheren Verwaltungsamt zugelassen werden will, noch ein viertes Studien-Jahr hinzutritt, und es dürfte wohl, seitdem vor Kurzem die Nationalökonomie zum Zwangskolleg für sämmtliche Studirende der Rechte erhoben ist, für diese allgemein der vierjährige, mit allerlei Zwischenexamina, strengstem Studienzwang, wunderlichen Taxen und dgl. verbundene Kursus**) eingeführt werden.

Immerhin ist es sehr auffallend, daß in Preußen, dessen privater und öffentlicher Rechtszustand schon in Folge der Codification für das Studium ein weitaus schwierigerer und verwickelterer ist als der aller übrigen deutschen Staaten, vielleicht sogar als Oesterreichs und Frankreichs, mindestens ein ganzes Jahr weniger als in allen den vorhin genannten Ländern studirt zu werden braucht. Ich will hierbei von den neupreußischen Landestheilen, insbesondere von dem ehemaligen Königreich Hannover, deren Verhältnisse mir nicht ausreichend bekannt

---

*) S. auch die sehr merkwürdigen Verhandlungen der Ersten Sächsischen Kam. v. 26. November 1877.

**) Loi du 22 vent. an XII rélative aux écoles de droit. Décret conc. l'organisation des écoles de droit 4me jour complém. an XII. Ordon. du 5 Juill. 1820 sur les facultés de droit et de médicine. Cf. auch Ord. du 4 Oct. 1820 u. Décret du 22 Aug. 1854.

sind, absehend, nur hervorheben, daß dort weder ein neben dem gemeinen Recht bestehendes sehr schwieriges codificirtes Privatrecht zu erlernen ist, noch bis zur Einverleibung das preußische Militärsystem bestand, daß endlich, meines Wissens, die Studirenden besonders Hannovers wie Schleswig-Holsteins sich jedenfalls in der letzten Hälfte ihrer meist vier- oder fünfjährigen Studienzeit durch Fleiß und eifrige Theilnahme an den praktischen Uebungen, in welchen Kiel, vornehmlich aber Göttingen von jeher hervorragten, auszuzeichnen pflegten, und daß es völlig unstatthaft erscheint, mit den etwa für diese Preußischen Landestheile begründeten Anschauungen die Zustände des älteren, weitaus größeren Theiles der Monarchie zu messen und zu regeln.

Für diese aber vermögen die vorhin angeführten Worte der Motive, man dürfe sich einer Beantwortung der (subtilen Doktor-) Frage, „ob an sich (für Australien oder Japan?) die Festsetzung eines dreijährigen oder vierjährigen Rechtsstudiums mehr zu empfehlen sei“ mit Rücksicht auf „die durchschlagenden praktischen Erwägungen“, insbesondere darauf, daß das „dreijährige Universitätsstudium in Verbindung mit dem darauf folgenden vierjährigen praktischen Vorbereitungsdienst“ sich „durch eine langjährige Erfahrung als ausreichend erwiesen habe“, entschlagen, nur das höchste Erstaunen zu erregen. Also den Abgeordneten des Preußischen Landtags und wohl auch dem Lande wird das bisher in Preußen bestandene System als ein vollkommen durch langjährige Erfahrung bewährtes empfohlen! Zu einer Zeit, wo in der Deutschen Wissenschaft, soweit sie Gelegenheit oder Veranlassung hatte, sich hierüber zu äußern, das volle Gegentheil für erwiesen gilt; wo so besonnene, umsichtige und erfahrene Männer, wie Nasse, Göppert, v. Stintzing und Andere, nicht ohne tiefe Entrüstung von dem rechts- und staatswissenschaftlichen Studien- und Examenwesen des Preußischen Staats zu sprechen vermögen, wo einer der ersten Gelehrten Deutschlands, der bald nachher verstorbene greise Genosse Savigny's, der ehemalige Preußische Staatsminister v. Bethmann-Hollweg alle die Anforderungen, welche wir Jüngeren seit 20 Jahren gestellt haben, als unabweislich anerkennt; wo man im Auslande, in Oesterreich und Bayern nur noch mit Hohn oder mit dem Kopfschütteln der Unbegreiflichkeit auf das Preußische Reservatrecht juristischen Studien- und Examenwesens herabschaut, wir Alle nicht ohne Schamröthe daran denken können! Hat man denn die doch im Fünfmännerbuch stehenden zahllosen Rescripte der Justizministerien und Verwaltungsministerien vergessen, welche seit 50 Jahren immer und immer wieder die schwerste Klage über die Unreife und Unkenntniß der Auskultatoren und Referendare, ja häufig auch der wohlbestallten Assessoren führen, welche immer wieder den Prüfungskommissionen die größte Strenge gegen die Kandidaten, den Präsidenten der Justiz-Collegien die größte Strenge in Auswahl der Examinatoren anempfehlen, die Gegenstände der Prüfung — mit manchen zeitlichen Variationen — genau vorschreiben? Hat man vergessen den Ausfall der Prüfungen, auf welchen ich noch zurückkomme? Es macht wohl keinen Unterschied, ob den Examinatoren in dem energischen Kurialstyl der alten Zeit geboten wird, lieber „ein untüchtiges Subjekt zurückzuweisen, als demselben vergebliche Hoffnung auf Beförderung zu machen", oder ob man sich neuerdings einer milderen Ausdrucksweise bedient. Jedenfalls will sachlich Gleiches sagen die bekannte allgemeine Verfügung des Justiz-Ministers Mühler v. 6. Mai 1870: „Kandidaten, die, wie dies noch immer nicht selten der Fall ist, vier oder fünf Semester ihrer Universitätszeit verschwendet und dann in den letzten Monaten die nothdürftigsten positiven Kenntnisse ohne alles Studium des Rechts schnell sich angeeignet haben, um sie eben so schnell wieder zu vergessen, dürfen nie darauf rechnen können, das Examen zu bestehen. Die Gewandtheit der Examinatoren muß Bürgschaft dafür leisten, daß solche Subjekte von den gründlich vorbereiteten stets unterschieden werden."

Vergessen aber ist augenscheinlich das sehr denkwürdige, auf einer K. Kabinetsordre beruhende das Triennium gesetzlich fixirende Circularrescript an die Landes-Justiz-Collegia v. 12. October 1804, über die Prüfung und Anstellung der Referendarien und Auskultatoren: „Da die bisherigen Versuche, den im Sinken begriffenen Fleiß der studirenden Jugend auf Universitäten auf alle mögliche Weise zu beleben, nicht den erwünschten Erfolg gehabt haben, und noch täglich ungeschickte und sehr mittelmäßige Subjekte bei den angestellten Prüfungen gefunden werden, woran die zu kurze Zeit des Universitätsstudii zum Theil Schuld ist; so haben Wir Allerhöchstselbst zu verordnen geruht, daß der Studienplan auf einen Zeitraum von 3 Jahren berechnet — werden soll". — Ferner: „Wir haben bei mehreren Gelegenheiten wahrgenommen, daß die vorschriftsmäßigen Prüfungen derselben (Auskultatoren und Referendarien) zu nachsichtig angestellt und sehr viele als Auskultatoren zugelassen werden, die im Examine zwar einige oberflächlich erlernte Rechtssätze und Definitionen herzusagen wissen, aber die Rechtswissenschaft nie gehörig studirt haben —. Solche Subjekte können sich bei der praktischen Arbeit nie ausbilden, sondern nur höchstens einige Routine erlangen und gehen ohne gehörige Vorbereitung zum Referendariat über." Und ein weiteres Königliches Circular an die damaligen Preußischen Universitäten v. 27. November 1804 führt den gleichen Gedanken folgendermaßen aus: „Die kurze Dauer, auf welche seit einiger Zeit das Studium auf den Universitäten eingeschränkt zu werden pflegt, hat nicht allein einen nachtheiligen Einfluß auf die Kultur einer soliden Gelehrsamkeit überhaupt gehabt, sondern ist auch zum Theil die Ursache gewesen, daß viele Studirende sich eine nur oberflächliche Bildung mit Vernachlässigung der philosophischen, mathematischen, historischen und übrigen zur allgemeinen Bildung so nöthigen Fundamental- und Hülfs-, Sach- und Sprachkenntnisse, blos in Rücksicht auf ihre künftige Haupt-Berufs-Wissenschaft erworben haben und daher bei ihrer nachmaligen Anstellung — untüchtig oder nicht gehörig vorbereitet gefunden worden sind. Selbst die fähigeren Köpfe unter den studirenden Jünglingen haben sich bei der den akademischen Studien gewidmeten, oft auf anderthalb oder zwei Jahre beschränkten Zeit genöthigt gesehen, ihren Fleiß nur auf die Vorlesungen der Amtswissenschaften zu richten und sind eben daher wenigstens von dem Grade der Ausbildung entfernt geblieben, den sie nach ihren Fähigkeiten hätten erreichen können und sollen. Um nun diesem frühzeitigen Eilen von der Universität, woraus sowohl für die einzelnen Subjekte als auch für den Staat selbst bedeutende Nachtheile erwachsen, nach Möglichkeit zu steuern, so haben Wir — die Dauer des Universitäts-Studii forthin für jeden studirenden In- oder Ausländer, der in Unseren Staaten künftig ein öffentliches Amt, zu welchem Universitäts-Studien erfordert werden, verwalten will, auf 3 Jahre festzusetzen geruht". — —

So faßte vor 73 Jahren König Friedrich Wilhelm III. die Stellung der Universitätsstudien, für welche jener Zeit das Triennium genügen mochte, zur praktischen, so dachte er sich die allgemeinwissenschaftliche Ausbildung der jungen Juristen.

Endlich, wenn man alles dies nicht weiß oder wissen will, so konnte doch nicht vergessen sein, was vor kaum zehn Jahren und was wiederum in den beiden letzten Jahren in den beiden Häusern des Preußischen Landtags gesagt worden ist. Nicht allein hervorragende Universitätslehrer, wie Haelschner, Nasse, Bechmann, Gneist, Dernburg, deren Urtheil ja „befangen" sein wird, sondern angesehene Männer der verschiedensten Fraktionen — denn glücklicherweise ist diese Frage noch nicht zur Partei-Angelegenheit, sogar in den Alles verschlingenden „Kulturkampf" ist sie noch nicht gezogen worden — der Abgeordnete Twesten, in zwei wahrhaft staatsmännischen, durch gleichmäßige Beherrschung aller Gesichtspunkte ausgezeichneten Reden*), wie die ehemaligen Oberpräsidenten v. Beurmann, v. Meding, v. Kleist-Retzow, die Abgeordneten v. Gerlach und v. Winterfeld, Dr. Lasker und E. Richter, Dr. Colberg und Klöppel, Windhorst-Meppen und Windhorst-Bielefeld, Köhler u. A., sie Alle, wenn auch in einzelnen Fragen auseinandergehend, stimmten in ihrem verwerfenden Urtheil über die praktischen Ergebnisse der bisherigen Studien-Examen und Dienst-Ordnung, fast Alle auch in der Anerkennung überein, daß eine Verlängerung des Universitätsstudiums auf mindestens vier Jahr durchaus unerläßlich sei. Und der Abgeordnete Wisselinck hat vor kaum 1½ Jahren**) ohne jeden Widerspruch sagen dürfen: „Wir Alle haben die Ueberzeugung, daß ein dreijähriges Studium nicht ausreicht, um den Aufgaben, die den Juristen gestellt werden, vollständig zu genügen, noch weniger aber, wenn der Student der Rechte seine Aufmerksamkeit auch der Staatswissenschaft widmen und in beiden Fächern ein den Anforderungen genügendes Examen ablegen soll." Mit aller Schärfe hat Gneist, welcher eine gesetzliche Ausdehnung der Studien auf das Gebiet der Staatswissenschaften nur bei der überhaupt unerläßlichen Verlängerung der Studienzeit für möglich hielt, den Widersinn gerügt, daß in einer Zeit, wo notorisch eine dreijährige, vollständig benutzte Studienzeit nicht einmal ausreiche, um die juristischen Disziplinen einigermaßen genügend zu

*) Verh. des Abg.-H. 1869. Stenogr. Ber. II S. 1828 ff. 2000 ff.

**) Verh. des Abg.-H. 1876. Stenogr. Ber. III S. 1524. Vgl. schon den Bericht der Justizkommission 1868/9 (Verh. des Abg.-H. Drucksachen Nr. 257).

beherrschen, der Gesetzgeber diesem dreijährigen Rechtsstudium noch eine ganz unbemessene allgemeine Masse von Disziplinen — das große Gebiet der Staatswissenschaften — hinzufüge, ein Material, welches ungefähr noch die halbe Kraft mehr erfordere*). Sogar der Justizminister Dr. Leonhardt hat bei Berathung des Antrags von Professor Hälschner mindestens so viel anerkannt, „daß ein dreijähriges juristisches Studium nicht ausreicht, um eine tüchtige juristische Bildung sich zu verschaffen", später etwas modificirt: „daß „unter gewöhnlichen Verhältnissen, wie sie regelmäßig liegen, ein dreijähriges Rechtsstudium kaum ausreicht, um sich diejenigen tüchtigen Kenntnisse zu erwerben, über welche ein junger Mann gleich bei der ersten Prüfung sich ausweisen soll**)."

Freilich suchte man, einerseits entschlossen an dem Triennium festzuhalten, andererseits nicht entschlossen, von der Staatsregierung eine Abänderung zu erzwingen, über das Elegische solcher Betrachtungen mit humoristischer Schilderung der Universitätsjahre, von denen das erste zum „Kneipen", das zweite zum „Dienen", das dritte zum „Ochsen" verwendet werde, durch eine drastische Darstellung des „Ochsens und Einpaukens" oder mit der des Eindrucks sicheren Bemerkung hinauszukommen, daß das Universitätsstudium die angehenden Juristen eben nur die Methode des Lernens, die Anleitung zum Lernen lehren könne und daß der Rechtskandidat im Examen die erfreuliche Erfahrung zu machen habe, daß er nichts oder wenig wisse. Schade, daß diese höchste Lebensaufgabe der weisesten Menschen gerade unseren armen Referendaren für ihre schöne Universitätszeit aufgebürdet werden soll, daß für diese doch gar zu sublimen, hochidealen Zwecke der Staat Professoren besoldet und Examina einrichtet, mit einem Worte, daß man nicht lieber so barmherzig ist, von unseren Rechtsstudenten, wie von anderen nicht so weisen Menschenkindern einen ordentlichen Schulsack, insbesondere dasjenige nothwendigste Lernen und Wissen, durch dessen Besitz überhaupt erst die rechte Lernmethode gewonnen werden kann, zu verlangen.

II.

Der feine französische Rechtshistoriker Frémery schließt nahezu jedes Kapitel seiner schönen études de droit commercial (1833) mit

*) Ebenda S. 1519, 1526.

**) Verhandl. des Herrenhauses 1868/9. Stenogr. Ber. I S. 130, 131.

den Worten „car telle est la coutume". Ja die unbegreifliche Macht der Tradition! Ich habe oft genug darüber nachgedacht und zu begreifen versucht, wie in dem Preußischen Staat, mit seinem hervorragenden höheren Schulwesen, mit seiner vortrefflichen höchst bildungsfähigen Bevölkerung gerade im Centralapparat dieses Staatskörpers, in seinem Beamtenthum, sich Generationen hindurch eine derartige Tradition bilden und erhalten konnte. Immer bin ich auf drei Ursachen zurückgekommen: auf die vielbeklagte, durch die Preußische Codifikation seit Ende des vergangenen Jahrhunderts in unnöthig gewaltsamer Weise bewirkte Losreißung des vaterländischen Rechts und seiner Handhabung von der wissenschaftlichen Grundlage des gemeinen Rechts; auf die in jener Losreißung wurzelnde mangelnde wissenschaftliche Pflege und die lange Zeit nur handwerksmäßige Praxis des vaterländischen Rechts; auf die zweckwidrige Zusammensetzung der Prüfungskommissionen zum ersten Staatsexamen. Und diese Ursachen zusammen haben dann wieder in einem sehr beträchtlichen und einflußreichen Theile des Preußischen Juristen- und Beamtenstandes eine erschreckende, nahezu cynische Verachtung aller juristischen Wissenschaft, die blinde Vergötterung einer mehr als Rademacherschen rohen Empirie und Routine großgezogen, für welche es bei jedem anderen Bildungszweige in Preußen selbst, für das Gebiet der Rechts- und Staatswissenschaften in jedem anderen Lande Europäischer Cultur — allenfalls von den sehr merkwürdigen Zuständen Englands, nicht einmal mehr Nord-Amerika's, abgesehen — an jedem Analogon fehlt. Wenn freilich auf der Universität durchgehends nur das nicht direkt anwendbare gemeine Recht gelehrt wurde, ohne auch nur dem Studenten zu zeigen, wie er dasselbe für die richtige Erkenntniß und Behandlung des geltenden Landesrechts zu verwerthen vermöge; wenn das Landesrecht selbst als der wissenschaftlichen Pflege der Universitätslehre nicht bedürftig *) gegen 30 Jahre lang völlig von dem Rechtsunterricht ausgeschlossen war, erst in den vierziger Jahren ein einziger Lehrstuhl für dasselbe (in Berlin) errichtet wurde,

---

*) Noch vor wenigen Jahren hat ein gar nicht unwissenschaftlicher Preußischer Jurist, der Appellationsgerichtsrath, später, wenn ich nicht irre, Obertribunalsrath R. Krüger, in einer gegen Göppert gerichteten Schrift „Zur Reform der juristischen Prüfungen" Breslau 1869 es sehr zweifelhaft gefunden, „ob das Preußische Landrecht überhaupt in den Kreis der Universität gehört",

erst seit dem letzten Jahrzehnt für regelmäßige Vorträge auf sämmtlichen Preußischen Hochschulen gesorgt worden ist; wenn es ursprünglich sogar reglementsmäßig, noch gegenwärtig thatsächlich nahezu überall von der ersten Staatsprüfung ausgeschlossen ist; wenn der Student auf der Universität nur lernen sollte und konnte, was er in der Praxis direkt anzuwenden keine Gelegenheit fand, und nicht lernen konnte, was er in der Praxis brauchte; wenn die Examinatoren nicht zu prüfen hatten was sie verstanden, dagegen prüfen mußten, was sie, von seltenen Ausnahmen abgesehen, im günstigsten Falle nur zum Theil verstanden; wenn die „Praxis" dazu bestimmt war, zu lehren, was selbstverständlich von der Universität her in die Praxis mitgebracht werden sollte — und ähnlich, vielleicht noch schlimmer, stand es in den Gebieten des Französischen Rechts, welche überdies ihren geistigen Mittelpunkt außerhalb des Staats, in Paris hatten, und wissenschaftlich vollkommen zu verkümmern begannen*) — dann wird jenes car telle est la coutume vielleicht weniger befremdlich erscheinen. Wenn endlich die vielgerühmte „Praxis", deren bildende Bedeutung und Nothwendigkeit ich sicherlich nicht zu niedrig anschlage, dem armen Staate in erster Linie dazu diente, in Auskultatoren, Referendarien, Assessoren Jahrelang für seine schlecht bezahlten Richter möglichst zahlreiche unbesoldete Schreiber und Hülfsarbeiter zu gewinnen, denen schließlich, in Ermangelung freier Advokatur, nur der Brodkorb staatlicher Versorgung oder einer fetten Justizrathstelle winkte, so wird man auch über die wirklichen Ergebnisse der Praxis, welche angeblich die wissenschaftliche Ausbildung des Rechtskandidaten fördern und vollenden sollte, nicht weiter erstaunen.

Doch davon später.

So lange Staatsprüfungen bestehen und als unerläßlich anerkannt werden, übernimmt auch der Staat, welcher einen Kandidaten als bestanden zur praktischen Vorbereitung und demnächst, wohl gar nach weiterer Prüfung, zu den hochwichtigen Funktionen eines Richters, Verwaltungsbeamten, Anwalts, Notars zuläßt, gegenüber den Staatsbürgern eine wenigstens moralische Garantie für

*) Insoweit hat vollkommen Recht die gegen Hälschner gerichtete Schrift von L. Hagen „Das juristische Studium", Cöln 1859, deren ungezogene Invektive wider die Deutschen Universitäten vielleicht auf Erfahrungen in beschränktem Kreise zurückzuführen ist.

die Qualifikation, oder, um in der alten Gesetzessprache zu reden, für die „Tüchtigkeit des Subjekts“. Ja er übernimmt diese Garantie auch gegenüber den jungen Männern selbst, gegenüber ihren Eltern und Vormündern, gegenüber all den zahllosen Anstalten, Stipendienfonds, einzelnen Wohlthätern, deren Mittel zur gehörigen Ausbildung tüchtiger Beamten der Justiz oder Verwaltung verwendet werden sollen.

Ist der Preußische Staat dieser schweren Verpflichtung nachgekommen?

Als ich vor einem Menschenalter meine Studien machte, in Berlin, Bonn und Heidelberg, da galt es unter meinen Altersgenossen als ein dem offiziellen Dogma von der Zweckmäßigkeit dreijährigen Rechtsstudiums und vier= fünf= sechsjährigen praktischen Vorbereitungsdienstes an Sicherheit vollkommen gleichstehendes Axiom, der Preußische, daher vielfach von Commilitonen aus anderen Deutschen Ländern oder aus der Schweiz, aus Frankreich beneidete, von ernsteren jungen Männern auch etwas bespöttelte „studiosus iuris et cameralium“ brauche auf der Universität weder Vorlesungen zu hören noch überhaupt irgend etwas, geschweige denn Jurisprudenz oder Nationalökonomie, zu arbeiten; um das erste Staatsexamen zu machen, genüge ein etwa halbjähriger, vielleicht — je nach Zusammensetzung der Prüfungskommission — ein= auch nur mehrmonatlicher sog. Repetitionskurs, vulgo „Einpauken“. Wie es leider zu jener Zeit Universitätsexamina gab, in welchen niemals ein Doktorand durchfiel, so galt es für völlig unerhört, daß ein Rechtskandidat das damalige Auskultatorexamen nicht bestanden hätte. Die nahezu absolute Unwissenheit und Trägheit der Preußischen Rechtsstudenten galt dermaßen als ein unveräußerliches Standesprivileg, daß es der ganzen anerzogenen Tüchtigkeit unserer jungen Leute bedurfte, um sich nicht dieses Privilegs in vollem Umfange zu bedienen. Auch die wackersten und an Fleiß gewöhnten Studenten konnten, in den Strudel mithineingerissen, sich nur mit Mühe des ansteckenden Beispiels, der allbeherrschenden „Tradition“ erwehren. Als ich in meinen letzten Studienjahren energisch arbeitete, vermochten viele meiner Bekannten — wenn ich recht zurückdenke, ich selber — dies nur dadurch zu erklären, daß ich nicht den „Auskultator“ sondern den „Doktor“ machen wollte. Als ich mich zu diesem „Doktor“ vorbereitete, klagte mir ein sehr talentvoller, aber nahezu verwahrloster Schulfreund, welcher wohl niemals eine juristische Vorlesung besucht, noch weniger ein juristisches Buch studirt hatte, nun aber sich endlich, um nicht verstoßen zu werden, zum Entschlusse des Auskultatorexamens ermannen mußte, seine Noth. Dankbar nahm er meinen Vorschlag gemeinschaftlicher Besprechung der wichtigsten Lehren entgegen. An dem ersten dafür festgesetzten Tage erschien statt des Freundes ein ausweichender Entschuldigungsbrief und ich hörte nichts weiter, bis nach sechs Wochen oder höchstens zwei Monaten der „Auskultator“ bei mir eintrat und mit strahlendem Gesicht erzählte, daß er die Examinatoren durch seine tiefen Kenntnisse in Staunen gesetzt habe.

Sollte etwas Aehnliches bei einem medicinischen, philosophischen, theologischen Examen je vorgekommen sein? Und doch war solche „Nothdressur“ auf der einen, solches Jobsiadenexamen auf der anderen Seite für die Rechtskandidaten ganz gewöhnlich. Ich erinnere an die in beiden Häusern des Preußischen Landtages vor dem Lande gehaltenen Reden. Der Abgeordnete Twesten sagt 1869: „Unsere altpreußischen juristischen Examina sind nur dadurch soweit heruntergekommen und zum Theil zum Gespötte der Examinanden selbst geworden, daß nur die Praktiker examinirt haben. Es haben an den Appellationsgerichten in dem alten Preußischen Staat viele Jahre lang Mitglieder examinirt, von denen allgemein bekannt war, daß sie sich sehr nothdürftig aus den oberflächlichsten Handbüchern auf das Examen im Römischen Recht und in der Rechtsgeschichte vorbereiteten, und die deshalb darauf angewiesen waren, sich mit ihren Fragen sehr enge innerhalb des beschränkten Gesichtskreises ihres Wissens zu halten, gewiß der erste und wesentlichste Mangel, den ein Examinator haben kann.“ Der Nationalökonom und Abgeordnete Erwin Nasse schreibt 1868: „Jeder parlamentarische Almanach führt in den Lebensskizzen der (Englischen) Parlamentsmitglieder hervorragende Leistungen in den akademischen Prüfungen auf. Bei uns würde man sich lächerlich machen, wollte man dem Manne anrechnen, wie er sein Auskultatorexamen bestanden.“ Das Circularrescript des Justizministers vom 27. Mai 1851 klagt über die mangelnde Ausbildung der Referendarien sogar im Röm. Recht und führt als wahrscheinlichen Grund an, „daß bei den Prüfungen für die Auskultatur und das Referendariat nur darauf gesehen wird, daß der Kandidat diejenigen Kenntnisse besitze, welche in einem Institutionenkollegium vorgetragen zu werden pflegen und in den Handbüchern über Institutionen enthalten sind, statt vielmehr als Maßstab bei den Prüfungen das Pandektenrecht zum Grunde zu legen, welches überall die Basis jeder gründlichen und exakten Rechtsbildung ausmacht." Im Herrenhause bezeichnete vor ganz kurzer Zeit der Abgeordnete von Winterfeld als die einzige Bedeutung des ersten Examens nur die, „daß Jemand drei Jahre auf der Universität gewesen ist, sich hat zum Examen drillen lassen und durchgekommen ist"; es geschehe häufig, „daß Jemand im letzten Moment zum Examen gedrillt wird". Ueber das ehemalige mündliche Regierungsreferendarexamen berichtete der Abgeordnete Richter (Hagen) aus seinen persönlichen und seiner Altersgenossen Erfahrungen, daß dasselbe eine „leere, hohle, geradezu lächerliche Form gewesen" sei; ihm persönlich seien bei diesem Examen „mit Ausnahme von zwei Fragen, keine Fragen vorgelegt werden, von denen er nicht genau gewußt habe, daß sie gestellt werden würden und welche Antwort der Examinand zu ertheilen hatte". Es ist, glaube ich, für die Gegenwart nicht mehr ganz zutreffend, wenn der Abgeordnete Dr. Lasker noch im vergangenen Jahre ausführte, daß der juristische Student, nachdem er die erste Prüfung bestanden, „keine Garantie für irgend welche Sachkenntniß" darböte, daß es ein „Kunststück" sei, in Altpreußen „das erste juristische Examen nicht zu bestehen", daß es „zu den äußersten Ausnahmen gehört, wenn Jemand durchfällt", und daß wer nur das erste Examen abgelegt hat, sich „in einem Zustande juristischer Viertelsbildung befindet, die keinerlei Garantie für juristische Befähigung gibt". Aber daß es sicherlich bis vor sehr kurzer Zeit sich so verhalten hat und daß diese Schilderung auch jetzt nicht weit von der Wirklichkeit abliegt, läßt sich gar nicht bezweifeln. Man lese doch nur, z. B. was Männer, wie Göppert und Gierke, welche auch ihre drei Preußischen Examina gemacht haben, über das erste Examen berichten. Mir selbst ist im zweiten Examen — denn das erste ersparte mir damals noch der Doctor iuris — begegnet, daß ich ebenso sehr meinem Examinator durch Unwissenheit im Kassen- und Deposital-Wesen, wie dieser mich durch seine Unkenntniß des Römischen Rechts in Erstaunen setzte. Mit äußerster Nachsicht der Examinatoren verband sich die „Tradition", an welcher auch ein gewissenhafter und fähiger Examinator kaum zu rütteln wagte. An vielen Appellationsgerichten war das Auswendiglernen des „Mackeldey“ verbunden mit einigen dürftigen Brocken Strafrechts und allenfalls Deutschen Privatrechts oder des sogar noch immer beliebten „Lehnrechts“ mehr als ausreichend. Ein oder das andere Lehrbuch wurde regelmäßig „zu Grunde gelegt“. Ist es mir doch vor Jahren, als ich an Stelle eines erkrankten Justizministerialraths zur Prüfung von etwa 30 Rechtskandidaten berufen wurde, sogar in dem sehr strengen ersten Badischen Staatsexamen vorgekommen, daß die Candidaten sich gleichsam darüber beschwerten, sie wüßten nicht zu ermitteln, ob ich nach dem „Puchta“ oder nach dem „Vangerow“ examinire. In Preußen aber pflegten nur wenige Oberlandesgerichte sich so hoch zu versteigen.

Freilich, wenn Gesetz und Reglement das bewirken könnten, so würde schon längst jede Klage verstummt sein. Mehr als schon die Allgemeine Gerichtsordnung III. 4 § 3 verlangt: die Prüfung solle „nur darauf gerichtet werden: ob der Kandidat gute natürliche Fähigkeit und eine gesunde Beurtheilungskraft besitze und ob er sich in der Theorie der Rechtsgelehrsamkeit gründliche und zusammenhängende Kenntnisse erworben habe“ wird kein verständiger Examinator beanspruchen. Ja bereits der aus dem R. v. 1. Januar 1797 entnommene Anhangs § 450 fügt noch hinzu „Auch ist die Prüfung nicht auf das bloße bürgerliche Privatrecht zu beschränken, sondern auf die Theorie der Rechtswissenschaft überhaupt zu erstrecken und besonders zu erforschen, ob der Kandidat von dem Staats- und Völkerrecht wenigstens so viele Kenntnisse erlangt habe, daß er sich durch fortgesetztes Studium so ausbilden könne, wie es seine künftige Amtslage und Verhältnisse erfordern“. All das ist ja wiederholt durch zahlreiche Ministerialrescripte eingeschärft, auch wohl ausdrücklich neuer Prüfungsstoff hinzugefügt worden. Die Ohnmacht aller solcher trefflichen Anordnungen gegen „Tradition“ und gegen die nun einmal nicht zu beseitigende Realität des unglücklichen Examinators, welchem Gesetz und Rescript die zur Prüfung unumgängliche Befähigung nicht zu verleihen vermögen, hat sich kaum je drastischer gezeigt, als nach dem Ges. vom 6. Mai 1869. Der bereits wörtlich mitgetheilte § 4 dieses Gesetzes bezeichnet durchaus korrekt als den Gegenstand der ersten Prüfung „die Disziplinen des öffentlichen und Privatrechts und der Rechtsgeschichte, sowie die Grundlagen der Staatswissenschaften.“

Es soll insbesondere auch ermittelt werden, ob der Kandidat sich die für seinen künftigen Beruf erforderliche „allgemeine rechts- und staatswissenschaftliche" Bildung erworben habe. Die Motive wie die Verhandlungen der beiden Häuser des Landtages, in welchen vornehmlich eine gründliche nationalökonomische, überhaupt staatswissenschaftliche Bildung verlangt wurde, lassen über den ernsten Willen des Gesetzgebers keinen Zweifel. Es wird für die erste Prüfung der Beweis erfordert, wie der Kandidat seine Universitätszeit angewendet, ob und in welchem Umfange er sich während derselben eine „tüchtige" rechtswissenschaftliche Bildung erworben habe. Das Examen solle erforschen, „ob und in welchem Maße der zu Prüfende sich nicht blos die nothwendigen Kenntnisse seines Fachstudiums, mit einem leider! nur zu bezeichnenden Ausdruck Brodstudium genannt, erworben, sondern ob er es auch verstanden habe, sich während seiner Studienzeit über diesen Kreis des blos Nothwendigen hinaus eine allgemeine rechtswissenschaftliche Bildung zu erwerben". „Nicht ohne Grund", heißt es in den Motiven der Gesetzvorlage weiter, „wird gerade den Studirenden der Rechte häufig der Vorwurf gemacht, daß viele derselben sich während der Universitätszeit allzu einseitig auf das bloß Nothwendige ihrer Fachwissenschaft beschränken und es versäumen, von den Mitteln, welche die Universität ihnen zur Erwerbung einer allgemeinen rechtswissenschaftlichen Bildung darbietet, einen ergiebigen Gebrauch zu machen. Das Gesetz will deshalb in seinen Bestimmungen den Studirenden ein Compelle geben, sich in ihrem Universitätsstudium über diese Einseitigkeit zu erheben, insbesondere auch die bisher von den Juristen nicht genugsam beachteten Staatswissenschaften, wenigstens ihren Grundlagen nach, in den Kreis ihrer Studien zu ziehen und sich so auf der Grundlage einer breiteren Basis zu einer allgemein-wissenschaftlichen Bildung hindurchzuarbeiten".

Man sieht, wie viel enger schon die Ziele gesteckt sind, als in den sehr „idealistischen", noch ganz von dem allgemeinwissenschaftlichen Geist der „Aufklärungszeit" durchdrungenen Cabinetsordres König Friedrich Wilhelm III. von 1804 — und doch noch immer erfreulich weit genug.

Mit beredten Worten führte der Justizminister aus *), daß die

*) Verhandl. des Herrenhauses 1868/9. Sten. Ber. I S. 124. Vgl. auch den

erste Prüfung die allerwichtigste sei, daß auf sie das Hauptgewicht gelegt werden müsse, daß einen jungen Mann in der ersten Prüfung durchschlüpfen zu lassen und ihm dann Gelegenheit zu geben zu einer weiteren Prüfung, außerordentlich gefährlich sei entweder für ihn oder für den Staat, daß endlich die bloße Vielwisserei häufig zum Nichtwissen führe. Nicht so deutlich freilich erhellt, wie demungeachtet bei Festhaltung des Triennii eine weitere Ausdehnung des Studienplans und der Prüfungsgegenstände in Vorschlag gebracht werden konnte. Dagegen erhellt über allen Zweifel, daß eben diese Vorschriften des Gesetzes ein todter Buchstabe geblieben sind. Der Abgeordnete Dr. Nasse hat dies bereits in der Kommission, wie im Abgeordnetenhause zur Sprache gebracht, und erfolgte hierauf Namens des Justizministers die bezeichnende Erklärung, „es sei demselben unbekannt, daß nicht nach den Vorschriften des Gesetzes examinirt werde, er müsse annehmen, solange ihn nicht entgegenstehende Berichte darüber anderweitig belehrten, daß gesetzmäßig verfahren werde"*). Vielleicht genügt die Frage: Wer hat z. B. über die Nationalökonomie und die allgemeine Staatslehre examinirt und wer konnte darin examiniren?

Dagegen wissen wir allerdings, wer im Gebiete der reinen Rechtswissenschaft geprüft hat. Der Ausschluß der mit dem gegenwärtigen Stand der Wissenschaft wie den an einen Rechtskandidaten zu stellenden Wissensanforderungen vertrauten Universitätslehrer war eine ebenso feste Preußische „Tradition", wie die von Göppert drastisch geschilderte Fernhaltung der dafür untauglichen und unpraktischen „Professoren" von allen großen Aufgaben der Rechtspflege und Gesetzgebung. Daß man im Auslande, insbesondere in dem eminent „praktischen" Frankreich trotz seines starr codificirten Rechts und des sehr geringen geschichtlichen Sinnes der dortigen Beamten, und in fast allen übrigen Deutschen Staaten, wie Oestreich, Bayern, Sachsen, Württemberg, Großherzogthum Hessen, Mecklenburg — vor der Einverleibung auch in Kurhessen, dessen Richterstand von jeher eines hohen Ansehens genoß — den entgegengesetzten Grundsatz befolgte, daß hier überall die juristischen Fakultäten bz. Rechtsschulen oder doch

einstimmig beschlossenen Bericht der Justizkommission des Herrenhauses (ebenda II. Anl. S. 185.)

*) Verhandl. des Abgeordnetenh. 1876. Sten. Ber. III S. 1516. 1518.

deren Mitglieder unter Mitwirkung oder Leitung eines staatlichen Kommissars zugleich die Prüfungskommissionen für das erste theoretische Staatsexamen bilden, daß in Preußen selbst für die Fächer der Theologie, der s. g. philosophischen Disziplinen, der Naturwissenschaften und der Medizin Universitätslehrer an den Staatsprüfungskommissionen Theil nehmen, ist consequent ignorirt worden. Allerdings sind schließlich „gemischte Kommissionen" eingerichtet worden — doch die sehr merkwürdige Leidensgeschichte derselben muß in einem besonderen Kapitel erzählt werden.

Es ist bei mehreren Gelegenheiten, insbesondere als der Abgeordnete Twesten sehr energisch die unumgängliche Nothwendigkeit gemischter Kommissionen, unter Betheiligung von Lehrern nicht nur der Rechts- sondern auch der Staatswissenschaften, hervorhob, von verschiedenen Seiten darauf hingewiesen worden, daß das Examiniren eine „Kunst" sei, und daß es unter den Professoren eben so viele ungeeignete Examinatoren geben könnte, als unter den Mitgliedern der Obergerichte. Das ist ja auch unzweifelhaft richtig. Aber in erster Linie wird doch von dem Examinator eine selbständige und vollständige Beherrschung des zu prüfenden Gegenstandes verlangt, und daß diese in denjenigen Materien, auf welche sich das rein theoretische, thatsächlich nicht einmal das Landesprivatrecht umfassende Staatsexamen erstreckt, dem Universitätslehrer durchgängig in weit höherem Grade zusteht, ja wenn er überhaupt seinen Beruf versteht, zustehen muß als dem sogar wissenschaftlich vollkommen durchgebildeten Appellationsgerichtsrath, unterliegt doch mindestens für das Gebiet des altpreußischen und Französischen Rechts gar keinem Zweifel. Wird denn dem Rechtshistoriker zugemuthet, daß er mit gleicher Gewandheit ein verwickeltes Konkursverfahren leite und im Einzelnen beurtheile, wie etwa einem Richter der Civilabtheilung des Berliner Stadtgerichts? Ist es nicht eine höchst ungerechte Zumuthung gerade an die tüchtigsten Praktiker, sofern sie es nur mit ihrer Aufgabe ernst nehmen, nach zwanzigjähriger und längerer Beschäftigung mit einem weit abweichenden Rechtsstoff dermaßen in der allgemeinen Rechtstheorie und deren Literatur zu Hause zu sein, daß sie mit Sicherheit Prüfungsarbeiten aus dem Römischen, dem Deutschen Recht, der Rechtsgeschichte zu beurtheilen und den häufig unklaren Vorstellungen und Auffassungen des Rechtskandidaten zu folgen vermögen? Soll ihnen auferlegt werden, einen neuen Kursus des Römischen Rechts nach Windscheid und Brinz durchzumachen, oder etwa, wenn sie auch ihrer Zeit die Deutsche Rechtsgeschichte nach Eichhorn gründlich studirt haben sollten, sich in Waitz und Sohm zu vertiefen, Bethmann-Hollweg's Römischen Civilprozeß und Mommsen's Römisches Staatsrecht zu studiren? Ja ist es, um etwa das ja verhältnißmäßig leichter zugängliche moderne Reichsrecht ins Auge zu fassen, ganz gleichgültig, ob der Examinator die so umfassende neue Literatur des Strafrechts, des Staatsrechts, des Handelsrechts sich angeeignet hat, oder ob er sich darauf beschränken muß, nach Gesetzesparagraphen oder doch nach demjenigen, was ihm vielleicht zufällige Praxis entgegengebracht hat, zu prüfen? Und handelte es sich hierbei auch nur um s. g. „Finessen", deren Kenntniß bei dem Candidaten irrelevant erscheint, so ist doch so viel sicher, daß der Examinator dem Examinanden auch in den „Finessen" überlegen sein muß, ganz abgesehen davon, daß nicht selten große Grundfragen der Wissenschaft hinter der anscheinenden „Subtilität" stecken. Ich habe etwa zwölf Jahre hindurch den Römischen Civilprozeß — ein sehr engbegrenztes und verhältnißmäßig stabiles Gebiet der Rechtswissenschaft — vorgetragen, jetzt nach nur siebenjähriger Unterbrechung würde ich eines längeren Studiums bedürfen, um diese Vorträge wieder aufzunehmen und sehr großes Bedenken tragen, ein eingehendes Examen darüber abzuhalten, da sehr leicht der Kandidat in Einzelheiten, möglicherweise in der Auffassung von Grundfragen besser Bescheid weiß, als ich. Wird nicht, um einen ganz modernen Fall zu nehmen, der Examinator es höchst bedenklich finden, wenn der unglückliche Kandidat von dem angeblich urgermanischen Institut der Bannrechte behauptet, daß solche Römischen Ursprungs seien, während der Kandidat soeben bei Bruns oder Bekker erfahren hat, daß die 1876 in Portugal entdeckte Lex Metalli Vispascensis das häufige Vorkommen von Bannrechten nebst mancherlei Gewerbsmonopolien in früher Römischer Kaiserzeit außer Zweifel setzt?

Es ist die Aufgabe des Universitätslehrers, selbthätig und lernend dem rastlosen Fortschritt der Wissenschaft zu folgen, die Jugend zu lehren und ihre Aneignungsfähigkeit zu erkunden. Er allein ist daher in der Regel im Stande ein sicheres Urtheil darüber zu gewinnen, ob der Kandidat ein dem gegenwärtigen allgemeinen Stande der

Rechtslehre wie dem Durchschnittsmaße gut benutzter geistiger Kraft entsprechendes Wissen und eine entsprechende richtige Methode sich angeeignet hat. Es ist auch für den akademischen Unterricht selbst nicht ohne Gewicht, daß wenigstens mitunter sich dem Lehrer Gelegenheit bietet, über den Erfolg wissenschaftlichen Rechtsunterrichts ein Urtheil zu gewinnen. Diese schwerwiegenden allgemeinen Rücksichten müssen über die gar nicht geringe Störung hinweghelfen, welche zahlreiche Staatsprüfungen — denn das Doctorexamen wird an den altpreußischen Hochschulen nur selten abgelegt — dem einzelnen Lehrer verursachen. Wo das Staatsexamen in den Händen der juristischen Fakultäten liegt, wird das überall als eine äußerst empfindliche Belästigung empfunden, deren Beseitigung jeder Einzelne vom Standpunkt seiner persönlichen Interessen, sogar trotz der in Bayern festgestellten „Remuneration von 5 fl. per Prüfungstag" oder dem in Preußen üblichen Satze von 4 Mark „per Kopf", mit lebhaftem Dank anerkennen dürfte. —

Doch um auf den glücklich bestandenen Rechtskandidaten zurückzukommen, wie sah es denn bis zum Jahre 1869 mit der praktischen Laufbahn und den weiteren Entwicklungsstadien aus? Als Auskultator hatte er, auch wenn nicht zu bloßen Schreiber- und Registratur-Diensten verwendet, also bei einer verständigen Beschäftigung, wie sie z. B. mir selbst zu Theil geworden ist, nicht allein mit der so schwierigen Handhabung des Rechts, mit dem Prozeßformalismus, mit den umfassenden Geschäften der freiwilligen Gerichtsbarkeit, sondern auch mit dem wirklich geltenden Recht, dessen Kenntniß bis dahin gar nicht von ihm verlangt war, insbesondere mit dem gesammten Preußischen Civilrecht sich bekannt zu machen, sich über alles dies nach Verlauf mindestens Eines Jahres, später von mindestens 1½ Jahren in dem zweiten Examen auszuweisen, endlich, sofern er den höheren Justizdienst erstrebte, seit der Reform der Jahre 1849/51 allgemein, nach mindestens 1½, später 2½ jährigem praktischem Vorbereitungsdienst zum „großen" Examen zu melden. Thatsächlich hat die Dauer des gesammten praktischen Vorbereitungsdienstes in der Regel fünf bis sechs Jahre, häufig darüber betragen. Die Ablegung dieses „großen" Examens aber, vor der allerdings strenge Anforderungen stellenden „Justiz-Examinations-Immediat-Kommission" erforderte, bei der durchschnittlich mangelnden wissenschaftlichen Grundlage eine neue sehr umfassende „wissenschaftliche Vorbereitung“, die häufig genug in einem halbjährigen „Repetitionskurs“ bestand, für welchen „berühmte“ Repetenten und von solchen verfaßte „Lehrbücher“, zumal in Berlin und dessen Umgegend nicht fehlten. Es ist ja bekannt genug, daß durch wiederholte Rescripte (1840. 1846. 1852.) den Referendaren der Urlaub für Zwecke dieser Art, der Aufenthalt in Berlin und dessen Umgegend — wo die ähnlich situirten Regierungsreferendare zu Baumgartenbrück ein idyllisches, in Fontane's „Wanderungen durch die Mark Brandenburg“ so anmuthig beschriebenes Klosterleben zu führen pflegten — untersagt wurde. Und welches waren schließlich die Ergebnisse dieses „durch lange Erfahrung bewährten Systems“? Die Zahl der in der „großen Staatsprüfung“ nicht Bestandenen hat nicht selten $1/3$, ja nahezu die Hälfte, in einzelnen Bezirken (z. B. Ratibor 1858) zwei Drittel aller Examinanden betragen. Im Jahr 1855 war dieser Satz auf 45 % gestiegen! Wie viele sind völlig verkümmert oder in subalterne Stellungen gerathen, wie viele „Assessoren“ schlechte Richter geworden!

Es spricht wahrlich, um mit dem Fürsten Bismarck*) zu reden, „für die Tüchtigkeit der Menschenrace, die Preußen bewohnt, wenn die aus ihr hervorgehenden Beamten durch die bestehenden Einrichtungen nicht verhindert worden sind, dem Staate so wesentliche Dienste zu leisten, wie sie geleistet haben“. Die vorzügliche, durchaus überlegene Gymnasialbildung, die immerhin gewissenhafte lange praktische Einschulung, nicht am Wenigsten endlich die allgemeine Atmosphäre des Großstaats, mit seiner wirklich guten „Tradition“ von tüchtiger Justiz und Verwaltung, von pflichttreuem und fleißigem Beamtenthum, die allein haben es ermöglicht, daß der Preußische, an sicherem Wissen und gründlicher Beherrschung des Rechtsstoffes wie an echt juristischer Methode durchschnittlich weit hinter den Genossen aus anderen Theilen Deutschlands zurückstehende Rechtskandidat häufig ein gediegener Mann geworden ist, während die weit gründlicher vorgebildeten, beim Eintritt in die Praxis weitaus gereifteren Juristen der kleineren und mittleren Staaten mit ihrem tüchtigen Wissen allzuhäufig in der

*) Verhandl. des Herrenhauses 1868/9. Sten. Ber. I S. 119.

Misere der Schreib- und Amtsstuben verkümmerten. Soll auch das auf Rechnung des „Systems" gesetzt werden?

Allerdings hat sich hierin Einiges zum Besseren gewendet. Durch den Wegfall der durchaus unzweckmäßigen mittleren Prüfung — welche vor noch zwanzig Jahren für ein ebenso unantastbarer Bestandtheil des allein seligmachenden „Systems" galt, wie gegenwärtig die dreijährige Studienzeit und der vierjährige praktische Dienst, welche man aber opfern mußte, weil es doch undenkbar erschien, die hannöverschen und andere neupreußische Juristen in diese Fessel zu zwängen — ist innerhalb der praktischen Vorbereitungszeit eine freiere Bewegung möglich geworden; an die Stelle der großen „dritten" Prüfung, welche nach den stets festgehaltenen Vorschriften der AGO. III. 4. §. 27 zugleich ein „strenges Examen in der Theorie der Rechtsgelehrsamkeit sein sollte", ist, wie das Gesetz vom 6. Mai 1869 und dessen Motive ergeben, eine „wesentlich praktische" Staatsprüfung getreten, und daß hier die wissenschaftlichen Anforderungen mindestens an die „wissenschaftliche Prüfungsarbeit" nicht gar zu hoch gespannt werden können, dafür sorgt schon das neueste Regulativ vom 6. Dezember 1875, welches, in Abänderung der früher bis zu sechs Monaten gewährten Anfertigungsfrist, eine peremtorische Frist von sechs bis höchstens acht Wochen anordnet. Wie weit mit diesen Aenderungen der, soviel der Prozentsatz der Bestandenen zu den Nichtbestandenen einen Anhalt gewährt, seit einem Jahrzehnt überraschend günstige Ausfall der großen Staatsprüfung *) zusammenhängt, vermag ich selbstverständlich nicht zu beurtheilen.

Wenn aber nach der Stellung, welche gegenwärtig die beiden allein noch übrigen Examina zu einander einnehmen und nach dem klaren Wortlaut des Gesetzes, wie dem wiederholt und unzweideutig ausgesprochenen Willen des Justizministers, seit dem Jahre 1869 das erste Examen und wesentlich nur dieses den Maßstab für die wissenschaftliche Ausbildung des künftigen Beamten und Anwalts gewähren muß, die „große" Staatsprüfung in dieser Hinsicht nur ergänzend und kontrolirend einzugreifen hat, so versteht sich ja, daß diese erste Prüfung zum Referendariat in einem ganz anderen Geiste

*) J. M. Bl. 1877 Nr. 30, 1876 Nr. 25, 1875 Nr. 26 rc. Auch war das Verhältniß schon 1863—1868 günstiger, vgl. J. M. Bl. 1869 Nr. 7, veränderte sich aber zum Nachtheil in den Jahren 1869 u. 1870; J. M. Bl. 1870 Nr. 7, 1872 Nr. 20.

abgehalten werden mußte, als eine frühere, gleichsam nur einleitende Prüfung zur Auskultatur. Geschieht dies und kann dies geschehen? Jeder Sachkenner antwortet darauf mit einem entschiedenen Nein. Es wird allerdings etwas strenger genommen; es ist nicht mehr unerhört, daß ein Rechtskandidat durchfällt, — obwohl über diese und andere Punkte die offizielle Justizstatistik leider von jeher sich ausgeschwiegen hat — es wird, was sich wesentlich bewährt hat, die Einreichung einer wissenschaftlichen Prüfungsarbeit über ein gegebenes Thema aus frei gewähltem Rechtsgebiet verlangt. Aber immerhin steht auch jetzt noch das mechanische Repetentenunwesen in fast unveränderter Blüthe*), mag der „berühmte" Repetent X oder Y heißen; noch jetzt ist die bei den Appellationsgerichten bestehende Prüfungskommission häufig genug in ihrem Urtheil mindestens da überaus milde, wo ein „Bedarf" an Referendaren sich fühlbar macht und wird sicherlich dann der strengere „Professor" von den Räthen überstimmt. Wie steht es mit der Prüfung des öffentlichen Rechts oder gar der Staatswissenschaften? Vermag hier der herkömmliche Stamm der Examinatoren, ohne sich vor den Kandidaten lächerlich zu machen, auch nur Fragen zu stellen? Und was vor kaum einem Jahre von den erfahrensten Männern im Abgeordneten- und im Herrenhause gesagt worden ist, gehört doch wohl auch der Gegenwart an! Wenn unzweifelhaft an einzelnen Orten sich der Fleiß unserer Rechtsstudirenden erhöht hat, läßt sich auch nur dies als durchgängige Regel behaupten? Erst vor wenigen Tagen schrieb mir einer der verehrtetsten Deutschen Staatsmänner (Nichtpreuße) wörtlich: „Ich habe in letzter Zeit durch meinen (in München und Leipzig die Rechte studirenden) Sohn ganz unglaubliche Dinge gehört über die Studienpläne seiner preußischen Kameraden, welche lediglich darauf berechnet scheinen, in möglichst kurzer Zeit möglichst viele Collegia zu hören oder auch zu belegen, im buntesten Durcheinander und ohne die geringste Rücksicht auf die Möglichkeit wirklicher Verarbeitung". Und doch fehlt es an Studienplänen nicht; jeder Student empfängt einen solchen bei der Immatrikulation eingehändigt.

---

*) Man lese nur die „humoristische" Schilderung aus der unmittelbaren Gegenwart in Nr. 43 der Schlesischen Presse v. 1876. Ernsten Männern dürfte sie nicht gerade erheiternd erscheinen.

III.

Es handelt sich um ein merkwürdiges Stück juristischer Pathologie, vielleicht fänden Mediziner den Ausdruck „Juristische (oder genauer) Professoren-Schwindsucht“ nicht unbezeichnend.

Wie von jeher, so hatte auch noch das Circularrescript nebst Regulativ vom 10. Dezember 1849*) daran festgehalten, daß die Prüfung der Rechtskandidaten von zwei Räthen des Appellationsgerichts im Beisein eines der Präsidenten desselben erfolgte. „Die bisher versuchsweise — ich glaube kurze Zeit in Berlin — stattgefundene Zuziehung eines Professors der Jurisprudenz bei der ersten Prüfung soll, da sich ihre Einrichtung nur an wenigen Orten ausführen läßt, und hierdurch eine Ungleichheit in den Prüfungen herbeigeführt wird, künftig wegfallen“. Die Prüfung konnte demgemäß bei jedem der 22 Appellationsgerichte der Monarchie stattfinden. „Zu allen Zeiten“, schreibt durchaus richtig Hälschner 1859, „sind den Studirenden die Gerichte wohl bekannt gewesen, deren Praxis eine so milde ist, daß selbst das bescheidenste Maß von Kenntnissen ausreicht, um die Prüfung zu bestehen, und diese Gerichte sind es, die erklärlicherweise von den Examinanden am meisten gesucht werden.“ Es dürfte wohl mit auf die gleichzeitig von Hälschner und von mir gegebene Anregung, welche ja nur aussprach, was man in den Kreisen der obersten Justizverwaltung selbst empfand, zurückzuführen sein, daß der Justizminister Graf zur Lippe durch die Allgemeine Verfügung vom 5. Dezember 1864**) eine durchgreifende Reform der ersten Staatsprüfung, unter gleichzeitiger Beseitigung der s. g. Zwangscollegien, einführte. Fortan sollten die Prüfungen der Rechtskandidaten pro auscultatura nur noch bei 6 Appellationsgerichten stattfinden, nämlich nur an denjenigen Orten, wo (Berlin, Breslau, Königsberg, Greifswald), oder in deren Nähe (Cöln, Naumburg) sich eine Preußische Rechtsfakultät befand. Die Prüfungen sollten erfolgen unter dem Vorsitz eines der Präsidenten des Appellationsgerichts durch zwei richterliche Beamte und zwei Universitätslehrer; insgesammt somit durch fünf Examinatoren. Auf die Auswahl der nichtrichterlichen Prüfungscommissarien war besondere

*) J. M. Bl. 1849 S. 492.

**) J. M. Bl. Nr. 47.

Sorgfalt verwendet; sie sollten vom Minister der geistlichen, Unterrichts- und Medizinal-Angelegenheiten bei jedem der sechs Gerichtshöfe in ausreichender Zahl für einen zweijährigen Zeitraum designirt und dem Präsidenten bekannt gemacht werden und zwar, meinem Vorschlag entsprechend, um jeden Gedanken an „Monopol" auszuschließen, nicht allein aus den ordentlichen, sondern auch aus den außerordentlichen Professoren und sogar den Privatdozenten.

Der vom gegenwärtigen Justizminister im Jahre 1868 vorgelegte Gesetzentwurf, das noch geltende Gesetz vom 6. Mai 1869, schwieg vollständig über die Zusammensetzung der Prüfungscommissionen. Nur die Motive sagen: „das Gesetz will der weiteren Erfahrung vorbehalten, ob die jetzt für das erste Examen bestehende Zusammensetzung der Prüfungs-Commissionen aus richterlichen Beamten und Universitätslehrern beizubehalten sein wird". Diese auffallende Lücke kam bereits in der Justizcommission des Abgeordnetenhauses zur Sprache. Es wurde dabei, wie der Abgeordnete Lesse im Hause ausführte*), von der Staatsregierung und von den meisten Mitgliedern der Commission konstatirt, daß das jetzige (seit 1864 bestehende) Verfahren einen vortheilhaften Einfluß geübt, namentlich auch auf das Studium der jungen Leute auf der Universität; gleichwohl habe die Commission dem Antrag Twesten, welcher eine gesetzliche Bestimmung folgenden Inhalts verlangte:

> „Als Examinatoren fungiren Mitglieder der Appellationsgerichte, welche von dem Justizminister auf bestimmte Zeit ernannt werden, und Universitätsdozenten der Jurisprudenz und Staatswissenschaften".

nicht beigestimmt; sachlich ganz einverstanden, meinte sie die Frage dem Reglement überlassen zu müssen, und „hielt es für kaum möglich, daß die Königliche Staatsregierung, nachdem sie diesen Modus so zweckmäßig und heilbringend erachtet, davon abgehen könne, ohne etwas anderes ganz Vorzügliches an dessen Stelle zu setzen".

Der Abgeordnete Twesten wiederholte gleichwohl den Antrag im Plenum. Er erachtete es für äußerst gefährlich, dem Regulativ des Justizministers völlig freien Spielraum zu lassen, und indem er

*) Sten. Ber. II S. 1824.

die schreienden Nachtheile des älteren, lediglich durch Praktiker gehandhabten Prüfungssystems eingehend schilderte, verlangte er gesetzliche Anordnung mindestens gemischter Commissionen, ohne welche alle gesetzlichen Anforderungen strenger Prüfung durchaus vergeblich seien.*)

Diesen und anderen noch zu erwähnenden Anträgen trat der Justizminister Dr. Leonhardt, „obwohl in der Sache selbst eigentlich mit dem Abg. T. einverstanden", entschieden entgegen. „Welche Vortheile, welche Nachtheile es habe, Professoren zu juristischen Prüfungen zuzuziehen, darüber wolle er sich nicht äußern, das sei ein sehr schwieriger, theilweise delikater Punkt"; hingedeutet wurde auf das mögliche „Monopol" der Lehrer einer Universitätsstadt, auf die unter den Professoren selbst herrschende Abneigung. Er dürfe sich daher die Hände nicht binden lassen. Allerdings scheine im Gebiet des Allg. Landrechts die Zuziehung von Professoren nicht gut entbehrlich, aber die Praktiker der gemeinrechtlichen Gebiete seien vollkommen zu theoretischen Prüfungen im Stande. Es scheine auch „aus neueren Nachrichten hervorzugehen, daß die Zuziehung der Professoren nach der Seite der Universitäten hin doch auch ihre nicht unbedeutenden Bedenken hat und daß diese gefühlt werden" (Weshalb wurden diese Nachrichten dem Landtage vorenthalten?). Man möge also von gesetzlichen Bestimmungen in der Ueberzeugung absehen, „daß stets verfahren werden wird mit Rücksicht auf die Verhältnisse und so wie es das große Interesse der Prüfung für den Justizdienst erfordert.**)

Nachdem sodann der Abgeordnete Dr. Gneist sich gleichfalls gegen den gestellten Antrag und der Abgeordnete Lasker gegen die Aufnahme des „durchaus bewährten Systems gemischter Kommissionen" in das Gesetz ausgesprochen hatte, wurde der Antrag abgelehnt.***)

Es waren damals zu den 22 alten 5 neue Appellationsgerichte hinzugetreten: Cassel, Kiel, Wiesbaden, Celle, Frankfurt a M. Für den Bezirk von Cassel galt bis dahin die Juristenfakultät Marburg als staatliche Prüfungscommission; für Frankfurt a M. das bekanntlich mit einer beträchtlichen Zahl ehemaliger Universitätslehrer besetzte

*) A. a. O. S. 1828. 1829.

**) A. a. O. S. 1827 ff.

***) A. a. O. S. 1854.

wissenschaftlich hervorragende Ober-Appellationsgericht zu Lübeck; ähnlich verhielt es sich mit dem Bezirk Schleswig-Holstein, für welchen das Oberappellationsgericht zu Kiel die staatliche Prüfungsbehörde gebildet hatte; für das ehemalige Herzogthum Nassau, welches der Landesuniversität entbehrt, und für das ehemalige Königreich Hannover, welches aus mir unbekannten Gründen die Betheiligung seiner hochberühmten Landesuniversität Göttingen ungeeignet fand, bestanden ausschließend aus praktischen Beamten zusammengesetzte Commissionen. Daß im Uebrigen auch für seine älteren gemeinrechtlichen Landestheile (Appellationsgericht Greifswald, Justizsenat Ehrenbreitstein u. s. f.) der Preußische Staat die Zuziehung von Universitätslehrern angemessen erachtet hatte, zeigt die nicht unterscheidende Verfügung vom 5. Dezember 1864. So scheint denn der Justizminister vorwiegend oder ausschließlich von Rücksichten auf das ehemalige Ober-Appellations-Gericht, nunmehrige Appellations-Gericht zu Celle, bei welchem eine Concurrenz der Göttinger Rechtslehrer ihm unangemessen dünken mochte, geleitet zu sein. —

In Ausführung nun des Gesetzes vom 6. Mai 1869 erschien das neue Regulativ vom 29. Dezember 1869*). Neben die bereits in der Verfügung vom 5. Dezember 1864 bezeichneten sechs alten Obergerichte traten nunmehr die Appellationsgerichte zu Kiel, Celle und Kassel. An die Stelle von fünf Prüfungscommissaren traten jedoch nur drei, welche, falls der Vorsitzende an der mündlichen Befragung nicht Theil nimmt, ein viertes Mitglied hinzuzutreten hat (§ 3). Ueber die Zusammensetzung der Prüfungscommission bestimmt § 2, daß die Berufung von dem Justizminister, auf gutachtlichen Vorschlag der Obergerichtspräsidenten, für die Dauer eines Jahres aus Mitgliedern der Gerichte, der Staats- und Rechtsanwaltschaft, sowie aus Lehrern der Staats- und Rechtswissenschaft an Preußischen Hochschulen erfolgt. Die Berufung von Rechts-**) und Staatsanwälten ist wohl nur in den seltensten Fällen geschehen; Rechtslehrer sind, meines Wissens, nicht an sämmtlichen Obergerichten und fortan immer nur je Einer, zugezogen worden. Die in dieser Hinsicht ergangenen Instruktionen des Justizministers sind nicht bekannt.

---

*) J. M. Bl. Nr. 49.

**) Diese hatte der Abgeordnete Lesse gewünscht.

Endlich hat ein neuestes Regulativ vom 6. Dezember 1875*) zwar die Zahl der zur Prüfung designirten Obergerichte unverändert gelassen, dagegen an Stelle der §§. 2. 3. des früheren Regulativs folgende lakonische und dunkle Bestimmung gesetzt: „Die einzelnen Prüfungen sind von drei Mitgliedern der bei den vorgedachten Gerichten zu bildenden Prüfungskommissionen, einschließlich des Vorsitzenden derselben, abzunehmen". (§. 2)

Bei Bekanntwerden dieses Regulativs wurde allgemein vorausgesetzt und es standen deswegen Interpellationen des Justizministers bevor — oder sind gar erfolgt? —, daß in Zukunft die in dem Regulativ gar nicht mehr genannten Universitätslehrer in Wegfall kommen würden. Indessen belehrte alsbald ein officiöser Artikel in Nr. 3 des J.-M.-Bl.'s vom 21. Januar 1876, daß eine Aenderung nicht bezweckt sei, da schon früher durch „besondere Verfügungen die Berufung der Rechtslehrer zu den einzelnen Prüfungen von dem Justizminister den Präsidenten der Appellationsgerichte übertragen worden ist. Hiernach ist seitdem verfahren und wird auch künftig zu verfahren sein".

Wie verfahren worden ist, entzieht sich meiner Kunde; wahrscheinlich wird thatsächlich noch immer, mindestens an jedem der sechs alten Appellationsgerichte jedesmal Ein Rechtslehrer zugezogen, welchem, außer dem Präsidenten, zwei Obergerichtsräthe gegenüberstehen. Aber an Stelle der gewissermaßen solennen Designation durch den Unterrichtsminister oder auch nur der seither angeordneten Ernennung durch den Justizminister tritt die nicht weiter geregelte „Zuziehung" durch die Präsidenten der Obergerichte; welche Instruktionen an diese ergangen sind, weiß Niemand, ja nicht einmal, ob ihnen überhaupt die Zuziehung eines Universitätslehrers zur Pflicht gemacht oder unter Umständen gar untersagt ist. Ueber eine Frage, bei welcher das ganze Land im höchsten Maße interessirt ist, deren richtige Lösung die anerkanntermaßen einzige Garantie gegen die allseitig schwer beklagten Mißbräuche und Schäden der früheren Zeit zu gewähren vermag, entscheidet das möglicherweise von geheimen Instruktionen abhängige Ermessen der Obergerichtspräsidenten. Die ganze Reform des Jahres 1864 ist durch eine ministerielle Verfügung, wenn nicht thatsächlich beseitigt, so doch rechtlich aufgehoben, und kein Referendar darf zurückgewiesen

*) J. M. Bl. Nr. 47.

werden, wenn er ausschließlich vor den Mitgliedern eines Obergerichts seine Prüfung bestanden hat. Dies ist der Rechtszustand des Rechtsstaats Preußen.

IV.

So sind es denn nicht die Gesetze und nicht die beliebig veränderten Justizministerial-Reglements, von denen sich eine endliche Aenderung erhoffen läßt. Die hier gestellten Anforderungen sind strenge genug; daß sie ein leerer Schall geblieben sind und bleiben werden, so lange das bewährte „System" fortbesteht, hat viel tiefer liegende Gründe.

In der That, auch wenn man von der kümmerlichen „Bedarfsfrage nach Referendarien" absieht, auch wenn man die Prüfungskommissionen in geeigneter Weise umgestaltet, immer wird bei Fortdauer des „Systems" nicht nur die den Examinatoren so schwer vorgeworfene*) „Milde" menschlich entschuldbar, sondern unverändert bestehen bleiben. Es ist dabei auf Verschiedenes zu achten, und vor Allem wieder die schon so oft erwähnte Macht der Tradition zu berücksichtigen.

Einmal sind die Examinatoren selbst, vor Allen die älteren, ganz erklärlich geneigt, ihre eigenen Erfahrungen den Rechtskandidaten zu Gute zu halten; sind sie selbst trotz Scheinprüfung und vielleicht geringen Wissens tüchtige Männer, sogar Examinatoren geworden, weshalb sollte das nicht auch dem Kandidaten so gehen, zumal wenn er ein offener Kopf ist und nur noch nicht ausreichend gelernt hat?

Sodann ist es zwar nach meinen Erfahrungen schwerlich begründet, daß die Studirenden gegenwärtig unreifer und unselbständiger die Universität beziehen, als in früherer Zeit, eher möchte ich das Gegentheil annehmen. Aber darf es denn einem Jüngling sonderlich verargt werden, welcher, der Schulfessel entledigt, die natürliche Neigung hat, frei und unbekümmert um den Schulsack die goldene Universitätszeit, für so viele die schönste ihres Lebens, zu genießen, der „guten Tradition" folgt, welche sein Vater, Oheim und hundert andere, jetzt hochangesehene Richter, Anwälte, Geheimräthe und viel-

---

*) Rede des Justizministers im Herrenhause v. 5. November 1868 (Verhandl. 1868/9 Sten. Ber. I S. 13).

leicht Minister, befolgt haben? Wird doch nicht allein von ganz Unberufenen, sondern auch von sehr einflußreichen Männern öffentlich vertreten oder mindestens verblümt angedeutet, daß die „Schulweisheit der Professoren" für das Rechts- und Staats-Leben nichts nütze, daß ein offener Kopf schon im Leben oder mindestens durch späteres Studium sich das nothwendige Maß des Wissens erringen werde, ohne die „langweiligen, trockenen" Collegia zu besuchen und die „abstrakten" Lehrbücher „durchzuochsen", welche ja doch nicht das geltende Recht, sondern abgestorbene Antiquitäten oder allenfalls philosophische „Finessen" für den Gourmand, nichts Brauchbares für den „praktischen" Juristen enthielten. Sieht es in dieser Hinsicht etwa besser aus als 1868, wo Nasse schrieb und Göppert beipflichtend die Schilderung „sehr milde" findet, daß gerade in den höheren Ständen der Nation die Meinung nicht selten zu sein scheine, wie in Verwendung der akademischen Studienzeit auf müßigen Genuß, in geistiger Trägheit und namentlich auch in Theilnahmlosigkeit für die politischen Wissenschaften die beste Vorbildung für die hohen Staatsämter liege? Soll es dem Jüngling verdacht werden, wenn er das nur zu bereitwillig glaubt, zumal bei einem Fache, für welches im Unterschiede von allen übrigen, sogar den naturwissenschaftlichen und medizinischen Disziplinen, die Gymnasialbildung keinerlei Anhalt gewährt noch verständigerweise gewähren kann — denn den bei einem Berliner Gymnasium zeitweise (noch jetzt?) durchgeführten Versuch propädeutischer Rechtskurse halte ich für völlig verfehlt —, bei einem Studium, zu welchem daher erfahrungsmäßig nur ganz Wenige der innere Beruf treibt, dessen Tiefe und Großartigkeit endlich sich nur dem Weiterstrebenden zu erschließen vermag? Kann es die Achtung vor den rechts- und staatswissenschaftlichen Universitätsstudien erhöhen, wenn gerade in Preußen, und meines Wissens nur hier — in sehr ungeschickter Nachäfferei des großen Friedrich, den freilich die gesammte Deutsche Zunftgelehrsamkeit des achtzehnten Jahrhunderts ebenso gründlich anwiderte, wie „die Pest der Advokaten", der aber auch dafür seinen Nichtprofessoren ein zwar in vieler Hinsicht vortreffliches, nur was ihm vor Allem widerstrebte, ein zehnmal so „weitläufiges und dickes" Gesetzbuch verdankt, als der Oesterreichische Staat den „Naturrechtslehrern" v. Martini und Zeiller — vielleicht noch mehr sogar im französischrechtlichen Westen als in den älteren

Landestheilen, und wiederum nicht allein von ganz banausischen Praktikern, sondern von sehr maßgebenden Stimmen über die „Weitläufigkeit", über die dem Leben abgewendete Art der Deutschen Rechtslehrer unermüdlich Klage geführt, ihre „bestaubte Bücherweisheit" lächerlich gemacht wird.*) Auch den Vorwurf weise ich entschieden zurück, daß die Jurisprudenz heut zu Tage immer abstrakter werde, sich immer mehr von den Anforderungen des Lebens abwende. Wird denn nicht seitdem wir ein gemeinsames Reichsrecht haben, dasselbe gerade von den Universitätslehrern mit unermüdlichem Eifer in den Kreis ihrer Studien gezogen? Verdankt nicht sogar das Preußische Privatrecht in neuerer Zeit gerade den Universitätslehrern höchst beachtenswerthe monographische und Gesammtbearbeitungen? Ist nicht die ganze schwierige Arbeit der neueren Romanisten darauf gerichtet, mittelst des Römischen Rechts über dasselbe hinauszukommen zu einem den heutigen Bedürfnissen entsprechenden Recht? Wagt man ähnliche Ansichten etwa über die naturwissenschaftlichen, medizinischen oder sprachwissenschaftlichen Universitätsstudien, welchen gegenüber das Halbwissen freilich einen schwereren Stand hat, auszusprechen? Und während unsere juristischen Vorträge von den lernbegierigen Studenten aller Welttheile besucht werden, klagt man in Deutschland immer wieder über die „unpraktische" Methode unseres Unterrichts. Ganz sicherlich kommen ja auch Fehler bei der Besetzung dieser Lehrstellen vor, wie anderswo, und nicht immer eignet die tiefste Gelehrsamkeit dem belebenden Jugendunterricht. Gleichwohl ist es vollkommen richtig, wenn überall in Deutschland die Unterrichtsminister hervorragende Forscher für die akademischen Lehrstühle zu gewinnen suchen, weil von diesen in der Regel immerhin tiefere und bleibendere Anregung zu erwarten steht, als von den wesentlich nur sammelnden wenn auch vielleicht pädagogisch begabteren Naturen. Sind beide Eigenschaften gleichmäßig vereinigt, so mögen nur Staat und Universität einen so seltenen Fund recht hoch halten. War Hegel ein „guter Lehrer" im Sinne jener Tadler? Ich glaube nicht. Schon Savigny hat in seiner

*) In der 1859 erschienenen Schrift von Hagen hat die nicht allein in den Kreisen gewisser Rheinischer Praktiker und nicht nur vor 20 Jahren herrschende Anschauung von dem Werth rechtswissenschaftlicher Universitätsstudien einen nahezu pathologischen Ausdruck gefunden. Es genügt, auf die würdige Beleuchtung solcher Ansichten bei v. Stintzing, histor. Zeitschr. XXIX S. 456 zu verweisen.

klassischen Abhandlung „über Wesen und Werth der Deutschen Universitäten" (1832) betont, daß es Lehrer gäbe, welche bei sogar glänzendem Vortrag wenig wirkten, weil sie bei aller Leichtigkeit der Rede nichts hätten, was der Mittheilung werth sei, während bei produktiven Köpfen das lebendige Schaffen des Geistes auch unter der stammelnden Rede dem sinnvollen Schüler nicht verborgen bleibe. Und erst neuerdings, in seiner Berliner Rektoratsrede v. 15. October d. J., hat Helmholtz hervorgehoben, daß die in anderen Ländern weniger übliche Verbindung des Lehrers und des Forschers, ja die vorwiegende Rücksichtnahme auf den letzteren, ein wichtiges, hochzuhaltendes Element in der Blüthe unserer Hochschulen sei. Freilich hat mir einmal vor Jahren ein sehr wackerer und fleißiger Stadtgerichtsrath, unter welchem ich als Referendar arbeitete, von einem „gräulich langweiligen" Pandektisten erzählt, in dessen Colleg er mit seinen Freunden sich an den Exerzitien mitgebrachter Hunde unterhalten habe — der Name sei ihm entfallen. Als ich neugierig weiter nachforschte, ergab sich Georg Friedrich Puchta.

Man verkennt bei solchen beliebten wegwerfenden Urtheilen, bei dem Verlangen einer „besseren Lehrmethode" die große Schwierigkeit des belebenden Rechtsunterrichts. Was und wie wir zu lehren haben, um Juristen zu bilden — freilich nicht um über Aktenheften und die Geheimnisse des Kanzleistyls zu unterrichten — glauben wir selbst recht gut zu wissen; verstehen wir es nicht ausreichend, so möge man uns durch geeignetere Männer ersetzen. Diese Schwierigkeiten aber liegen theils in der abstrakten Natur alles Rechtsstoffes — daher auch der weibliche Student der Rechtswissenschaft aus Rußland, welcher vor einigen Jahren in Heidelberg und Leipzig gehört und sogar das juristische Doktorexamen bestanden hat, wohl ein Unicum bleiben wird —, theils in dem sehr verwickelten Zustand des einheimischen Rechts, theils endlich, und darauf ist näher einzugehen, vor Allem wiederum in der völlig unzureichenden Studienzeit.

Man meint wohl, die „allzuweitläufigen" Collegien kosteten dem Studenten zu viel Zeit. Das ist ein ganz grundloses Vorurtheil. Wer hat je bessere Pandektisten oder Criminalisten gebildet, als Carl Georg v. Wächter, dessen Vorlesungen die sonst herkömmliche Stundenzahl etwa um das Doppelte überschritten? Und waren nicht etwa die so gefeierten Pandektenvorlesungen v. Vangerow's, welche mindestens

24 Stunden per Woche in Anspruch nahmen, für den Durchschnitt unserer Deutschen Studirenden äußerst förderlich? Vielleicht hätte in manchen Punkten Abkürzung, in anderen ein geringeres Maß von Deutlichkeit nicht geschadet — aber soll etwa der Individualität eines hochbegabten Lehrers gar keine Rechnung getragen werden? Soll uns die „Interpretation der Texte" vier oder fünf Stunden per Woche, wie sie auf den Französischen Rechtsschulen herrscht, zum Vorbild dienen? Kann nicht ebenso wohl ein Colleg allzu kurz und dürftig, als allzu weitläufig sein? Auch davon liegen ausreichende Beispiele vor. Läßt sich etwa das Deutsche Strafrecht oder das Handelsrecht in noch kürzerer Zeit als vier Stunden vortragen, ohne in seichtes Geschwätz, piquante Aperçus oder in schwierigste Abstraktion auszuarten? Die „Concentrirung" des Rechtsstoffes — und grade hierin überragen die Lehrbücher wie die Vorträge der Deutschen Rechtslehrer alle übrigen Kulturstaaten, wie sie in der geschickten Compilation des unmittelbar praktischen Rechtsstoffes durchgehends hinter den Franzosen zurückstehen — hat da ihre Grenze, wo sie beginnt, unverständlich zu werden, und es kann sehr wohl ein acht- auch zwölfstündiger Vortrag über das Deutsche Privatrecht, ja über das Staatsrecht sogar didaktisch viel vortheilhafter sein, mindestens aber eine geringere eigene Verständnißarbeit erfordern — worauf doch „zeitlich" alles ankommt — als ein nur fünfstündiger über den gleichen Gegenstand. Die verständige Auswahl, die Betonung des Erheblichen u. dgl. ist Sache des einzelnen Lehrers und erfordert große Uebung wie sicherste Stoffbeherrschung. Uebrigens macht sehr häufig die Länge oder Kürze des Vortrags schon darum keinen Unterschied, weil, wo der Vortrag nicht ausreicht, auf die nicht selten viel schwierigere Literatur zurückgegangen werden muß, da doch immer die geistige Beherrschung eines mehr oder minder umfassenden positiven Materials erfordert wird. Wer daher nur etwa einen Theil „gehört" hat, muß den anderen Theil studiren, und es wäre sehr erfreulich, wenn wir uns wichtige Ausführungen ersparen könnten, um den Hörer auf eigenes Studium zu verweisen. Zur Zeit indessen steht es gerade hiermit noch viel schlimmer als mit dem „Hören".

Wenn freilich der Vortrag unserer Deutschen Rechtslehrer, wie gelegentlich behauptet oder angedeutet wird, in dem gleichen, Jahr aus Jahr ein mechanisch wiederholten Diktat bestände, so wäre aller

Universitätsunterricht überflüssig. Allein wo kommt das noch vor und wird, wo es vorkommen sollte, ein solcher „Lehrer“ noch „gehört“? Nach meiner Kenntniß, welche immerhin einen recht weiten Kreis von Universitäten und von Universitätslehrern umfaßt, ist seit 30 Jahren der juristische Unterricht durchschnittlich gründlicher, tiefer und feiner geworden. Schale Späße, wenn nichts schlimmeres, welche einst sehr würdige Männer nicht verschmähten, dürften allgemein nicht mehr zu den Zierden des akademischen Vortrags gerechnet werden. Ja vielleicht, daß mitunter die bequemere wenngleich mechanischere Art der alten Zeit gegen die jetzt übliche strengere Behandlung sogar einige didaktische Vorzüge voraus hatte. Den Studenten aber in erster Linie und vorzugsweise auf Compendien, Lehrbücher verweisen, ist völlig verkehrt; das sind zwar unumgängliche, aber versteinerte, d. h. zur bestimmten Zeit abgeschlossene Darstellungen eines in stetem wissenschaftlichen Fluß befindlichen Gegenstandes. Gerade hierin läßt sich nicht vorsichtig genug sein.

Auf die allerdings sehr nothwendige Erweiterung der Selbthätigkeit der Zuhörer wird später eingegangen werden.

Dafür aber, daß der abstrakte Rechtsstoff den Zuhörern zugänglich wird, sorgt jeder erfahrene Lehrer durch den Aufbau der Rechtsinstitute aus den Lebensverhältnissen, je nachdem der Vergangenheit oder der Gegenwart, sowie durch geeignete Beispiele, welche auch die schwierigsten Materien des Privatrechts vollständig zu erläutern geeignet sind, ohne daß es immer der Vorführung ganzer Rechtsfälle oder für diesen Zweck der s. g. „Praktika“ bedürfte, häufig genügt ein Schlagwort. Ein so gut vorgebildeter junger Jurist findet sich unschwer in dem verwickelten Getriebe auch des modernen Rechtslebens zurecht. —

Wenn freilich in einem Staate mit selbständig und umfassend codificirtem Recht eben dieses geltende Recht gar nicht, vielmehr lediglich das historisch und wissenschaftlich zwar in erster Linie für das Studium nothwendige, aber doch nicht geltende Recht gelehrt wird, und wenn nicht das geltende Recht einen Gegenstand der Prüfung bildet, so kann es nicht fehlen, daß der angehende Praktiker nur schwer den Nutzen eines Studiums begreift, welches ihm anscheinend gar nichts für das „Leben“ darbietet. Während man nun in Frankreich und Oesterreich nach der Codification, um gute Praktiker zu bilden, sich wesentlich auf den Unterricht im Landesrecht beschränkte und erst spät, in Frankreich noch immer höchst unvollkommen, auf das Studium des gemeinen Rechts sowie der historischen Fächer zurückgekommen ist, während in Baden und Sachsen, ja sogar in Bayern, Württemberg, Schleswig-Holstein und anderen Ländern ohne umfassendes Gesetzbuch, von jeher auf die ausreichende Kenntniß des doch wirklich nur partikulären, mitunter sehr dürftigen Landesrechts schon in der ersten Staatsprüfung großes Gewicht gelegt worden ist, hat Preußen in ganz falschem Idealismus sich nahezu ein Menschenalter nicht einmal um das akademische Studium des Landesrechts gekümmert, und nachdem gerade der „Pandektist" v. Savigny 1820 die ersten Vorträge darüber gehalten hat, ist wiederum beinahe ein Menschenalter bis zur Errichtung des ersten und einzigen Lehrstuhls für Preußisches Recht verflossen! Hieran sind doch wahrlich nicht die Universitätslehrer Schuld! Dieser gänzliche Mangel an Partikularismus, diese ideale Negation der praktischen Isolirung, in welche der Preußische Staat sich durch die Art seiner Codification gesetzt hatte, mag ja der gemeinen Deutschen Sache vielleicht genützt haben; der wissenschaftlichen Ausbildung der Preußischen Praktiker hat dieser Fehler schweren Nachtheil gebracht, ja sich gerade darin gerächt, daß auch das gemeine Recht vernachlässigt wurde, während eine verständige Verknüpfung des gemeinen und des Landes-Rechts in Studium und Prüfung nur beiden zu Gute gekommen wäre. Aber, als man dies inne wurde, stand das Triennium entgegen, d. h. es fehlte an Zeit und man zog es verständig genug vor, sich, wenn nur Eines gepflegt werden konnte, mit dem „gemeinen" Recht zu begnügen.

Freilich wird dieser Gegensatz in nicht allzulanger Zeit wesentlich überwunden sein. Ueberall wo wir bereits codificirtes gemeines Deutsches Recht besitzen, im Handels- und im Straf-Recht, nunmehr auch im Civil- und Straf-Prozeß wird sicherlich vorwiegend das geltende Recht behandelt, historisch erläutert und philosophisch geprüft. Aber doch wird namentlich im öffentlichen Recht ein erheblicher, anscheinend sich noch erweiternder partikulärer Grundstock, ein Preußisches Verfassungs- und Verwaltungs-Recht, zurückbleiben. Und wenngleich nach Vollendung des bürgerlichen Gesetzbuchs, für die Darstellung der so besonders wichtigen und schwierigen privatrechtlichen Disciplinen erhebliche Aenderungen eintreten müssen, so ist doch eine wesentliche Abkürzung des bisherigen Rechtsunterrichts völlig unthunlich. Wenn das „Deutsche Privatrecht" und das „Preußische Landrecht" wegfallen, so tritt breit in den Vordergrund das neue „Deutsche bürgerliche Recht". Wenn die didaktisch so bedenkliche und doch zur Zeit kaum vermeidliche Scheidung des geltenden Deutschen und Römischen Privatrechts aufgehoben wird, die „Pandekten" einen erheblichen Theil ihres Stoffes einbüßen, so denkt doch kein Sachkundiger daran, überhaupt das Studium des Römischen, insbesondere des klassischen Rechts, dieses „Rechts-ABC",*) auf welches man nach schweren Irrthümern in Oesterreich und Frankreich wieder zurückgegriffen hat, erheblich einzuschränken, und es werden sogar die historischen Disziplinen der Römischen und der Deutschen Rechtsgeschichte an gewichtiger Bedeutung wachsen. Daß endlich im Uebrigen das Studium nicht verkürzt werden kann, vielmehr in manchen Richtungen zu erweitern und zu vertiefen ist, wird sich alsbald zeigen. —

Um indessen auf die berufene „Milde" der Examinatoren zurückzukommen, so wird sie noch durch einen weitern Grund gerechtfertigt, welcher die gelegentlich geäußerte Erwartung, es ließe durch eine strengere Prüfungsordnung sich die gesetzliche Anordnung einer längeren Studienzeit ersetzen, als völlig grundlos herausstellt. Man bewegt sich hier in einem durchaus fehlerhaften Zirkel. Unsere Prüfungskommissionen mit Einschluß der Professoren müssen milde sein und werden es in Zukunft bleiben, so lange die vorgeschriebene Studienzeit unter Berücksichtigung aller Verhältnisse im Durchschnitt nicht ausreicht, eine genügende Kenntniß auch nur der wichtigsten Fächer der Rechtswissenschaft zu erwerben.

Das ist freilich ohnehin von allen Seiten zugestanden — es darf hier namentlich an die wiederholte Erklärung des Justizministers (oben S. 26) erinnert werden — indessen mag es doch nicht überflüssig sein, den mehr als genügenden Beweis zu führen.

V.

Man hat dabei von folgender gar nicht zu bestreitender Thatsache auszugehen.

---

*) Ueber seine methodologische Bedeutung auch für die künftigen Verwaltungsbeamten s. Georg Meyer, das Studium des öffentlichen Rechts und der Staatswissenschaften in Deutschland. Jena 1875.

Hält der Staat, worüber man ja in Deutschland einig ist, es erforderlich, eine bestimmte Dauer des Unterrichts, gleichviel ob niederen, mittleren, oder höheren und entsprechende Prüfungen vorzuschreiben, so wendet er sich mit seiner Normirung an das Durchschnittsmaß. Er kann und darf nicht Rücksicht nehmen weder auf besonders schwache, noch auf besonders hervorragende Köpfe. Der hochbegabte junge Mann, welcher seinen Gymnasialkurs mit Auszeichnung absolvirt hat, mag vielleicht in noch kürzerer Zeit als in drei Jahren eine für den Eintritt in die praktische Vorbereitungslaufbahn vollkommen ausreichende juristische, ja staatswissenschaftliche und allgemein humane Bildung erwerben; von einem „Gelehrten“ ist auch ein solcher freilich noch weit entfernt. Aber die Ausbildung zum „Gelehrten“ steht überhaupt nicht in Frage. Ein derartiger Jüngling mag sich vielleicht auch mit anscheinendem Recht beklagen, daß das harte Gesetz ihn zehn Jahre lang auf die langweiligen Schulbänke gezwängt hat, während sechs Jahre für ihn genügt hätten. Und doch leidet sogar der hervorragende Kopf in der Regel unter längerem Schulbesuch nicht, sichtet, sichert, befestigt vielmehr sein Wissen. Dergleichen Jünglinge mögen auch ohne jeden Universitätsbesuch, durch eigenes Studium von Quellen und Literatur sich vollkommen ausreichend vorbereiten, nur daß ihnen gar leicht für das Leben ein bedenkliches Autodidaktenthum, damit verbundene Selbstüberschätzung wie Unklarheit über den wirklichen Stand der Wissenschaft anhaftet. Von solchen „Genies“ also abstrahire ich; schon für die leider weitaus häufigeren Quasigenies aber wirkt die Regel sehr wohlthätig.

Es darf weiter nicht ein ganz ungewöhnlicher, aufopfernger Fleiß vorausgesetzt werden. Unsere Jugend will und soll das Leben fröhlich genießen, wir verlangen sogar, daß sie gleichzeitig ihre körperlichen Kräfte in allen Richtungen entwickele, damit sie zu gesunden Männern heranwachse; daß sie ein offenes Auge habe für alles Große und Schöne, was die Natur und das gewaltige geistige Leben der Gegenwart dem empfänglichen Sinn darbieten. Wir verbitten uns auch den Schulzwang und den ertödtenden Mechanismus von vorgeschriebenen Lehrkursen; wir perhorresciren das Convictswesen, die semestralen Prüfungen, das durch „kleine Mittelchen geschützte Gewerbe“. Wir vermögen es nicht zu hindern, daß der Rechtsstudent Semester für Semester nur das berühmte Colleg über den „Hufbeschlag“ oder vielleicht über die „Stellung der Frau in der Gegenwart" belegt und auch hört. Wir stellen Alles auf die eigene sittliche Verantwortlichkeit einer empfänglichen, und wie wir am Besten wahrzunehmen vermögen, im Großen hochgesinnten Jugend. Die freie wissenschaftliche Arbeit, zu welcher wir unsere Hörer anleiten wollen, verträgt keinen Schulzwang, und wir sind so übermäßig „delikat", uns auch den Collegienzwang, ja gelegentlich sogar unsere Zuziehung zu den Prüfungen zu verbitten. Wir erwarten endlich von unseren Rechtsstudenten und ermahnen sie, während ihrer ganzen Studienzeit den Schatz, welchen eine tüchtige Gymnasialbildung ihnen gewährt hat, nicht zu vergeuden, sondern auch in verwandten und allgemeinen Wissensgebieten eine nicht ganz dürftige Anschauung zu erwerben.

Diese Anforderungen aber, welche weit hinter der idealen Aufgabe zurückstehn, die noch König Friedrich Wilhelm III. der Universitätsbildung der Juristen stellte, lassen sich für den durchschnittlich begabten und durchschnittlich fleißigen Studenten der Rechtswissenschaft, bei selbstverständlicher Voraussetzung einer zum Eintritt in die praktische Vorbereitungslaufbahn auch nur einigermaßen ausreichenden Fachbildung, im Laufe von drei Jahren nicht mehr erfüllen, zumal ein gehäufter Collegienbesuch, von mehr als 20 oder gar 24 Stunden wöchentlich, eher schädlich als wohlthätig ist.

Schon 1842 wurde in der Eingangs erwähnten hochoffiziösen Beantwortung der „Aphorismen" anerkannt, daß nach den gemachten Erfahrungen auch die gut verwendete dreijährige Studienzeit eben nur hinreicht, um den Studirenden tiefer in das gemeine Privatrecht einzuführen, alle anderen Gegenstände aber lediglich auf Kosten der allgemein wissenschaftlichen Ausbildung gepflegt werden könnten, und eine Verlängerung der Studien „weil dadurch Zeit verloren gehe" sich nicht empfehle.

In Wahrheit hat gegen den Anfang des Jahrhunderts die Zahl der juristischen Disziplinen wie der Vorträge sich nahezu verdoppelt. Von dem Naturrecht hat sich das Völkerrecht, von dem Strafrecht das Strafprozeßrecht, von dem damals noch so dürftigen, immer mehr erweiterten Deutschen Privatrecht das Handelsrecht losgelöst; der Civilprozeß erfordert eine immer strengere und eindringendere Behandlung; die didaktisch unumgänglichen rechtshistorischen Lehrkurse sind eigentlich erst seither entstanden. Man vergleiche etwa einen

Lektionskatalog von Göttingen, Leipzig, Heidelberg, Tübingen aus dem Jahre 1800, den Berliner Katalog von 1820 mit dem gegenwärtigen. Dabei sehe ich von dem öffentlichen Recht und den Staatswissenschaften noch ganz ab.

Und wer das auffallend findet, oder gar wieder die „Weitläufigkeit" der Professoren anklagt, weiß nicht, daß gerade die Jurisprudenz besonders langsam und zögernd in der nothwendigen Erweiterung wie schärferen Abgrenzung der Disciplinen und der Arbeitstheilung vorgegangen ist. Ganz anders sieht es, wie ja allbekannt, im Gebiet der Naturwissenschaften, der Medizin, der Sprachwissenschaften aus. Wer verbindet noch jetzt die Anatomie und Physiologie, die reine mit der pathologischen Anatomie, die Ophthalmologie mit der Chirurgie u. s. f.?

Also der heutige Student der Rechtswissenschaft muß, auch das bloße Fachstudium für sich betrachtet, mehr lernen, als vor noch fünfzig Jahren, weil der Umfang des Wissens und der Lehre sich erheblich erweitert haben.

Er soll aber auch — und daß dies nicht geschieht, wird gerade den Universitäten vorgeworfen — anders und besser lernen als vor Zeiten in Preußen üblich war. Es ist vollkommen wahr, daß unser juristischer Universitätsunterricht sich zu seinem Nachtheil nicht allein von den fast überwiegend, ich fürchte allzu sehr praktischen Kursen der Mediziner und der Naturwissenschafter, sondern auch von den überall mit Uebungen untermischten Studien der Philologen, Historiker, Theologen unterscheidet. Indem den Studirenden der Staats- und Rechts-Wissenschaften der Lehrer lediglich als Vortragender gegenübersteht, knüpft sich zwischen ihm und seinen bloßen Hörern nur schwer ein engeres Band, ist die Thätigkeit des Hörers eine ausschließend receptive, fehlt die Anleitung zur Entwickelung seiner Kräfte und zu eigener produktiver Arbeit. Daß es sich hier nicht um neue Wahrheiten, um eine neu zu begründende Lehrmethode handelt, wie sie von Vielen, unter schweren Vorwürfen gegen die Rechtsfakultäten, als Ausgangspunkt der Reformen verlangt wird, weiß ein Jeder, welcher die Zustände außerpreußischer Hochschulen kennt. Auf den noch jetzt oder früher außerpreußischen Universitäten — ich nenne nur Göttingen, Kiel, Jena, vor 30 Jahren auch Heidelberg — haben von jeher die so lehrreichen und anregenden „Praktika" geblüht. Auf den Altpreußischen Universitäten sind kaum exegetische Uebungen über Gaius oder die Pandekten aufgekommen; sogar an den unvergeßlichen Berliner Pandektenübungen Keller's betheiligten sich zu meiner Studienzeit etwa 12 „Exegeten" — an jeder nichtpreußischen Universität von gleicher Studentenzahl wären es mindestens zehnmal so viele gewesen. Die unvergleichlich bildende Kraft kasuistischer Pandektenexegese, insbesondere ganzer Pandektentitel, habe ich an mir selbst als Lernender wie als Lehrer oft genug erprobt. Und wie wenig wir über diese Aufgaben je im Dunkeln gewesen sind, mag folgende, aus meiner 1859 veröffentlichten Abhandlung entnommene Stelle erweisen:

„Der Unterricht muß sich wiederum in höherem Grade zugleich den Quellen und dem Leben zuwenden: Interpretirübungen und Praktika erscheinen uns als die nothwendigsten Ergänzungen und Gegengewichte gegen den immer mehr sublimirten dogmatischen Unterricht, als die wesentlichsten Mittel zur Erweckung eigener Selbthätigkeit. Die ersteren sollen eigene Beherrschung der Quellen lehren, also emancipiren von sklavischer Nachbeterei, noch mehr aber an ewigen Mustern die Behandlung wie praktischer Fälle so dogmatischer Fragen üben. Die letzteren sollen unmittelbar in das Getriebe des Lebens einführen, das spiritualistische Dogma aus seiner Lehrsatzhöhe herabziehen zur wirklichen Anwendung; darlegen, wie das im System scharf Geschiedene in der Wirklichkeit nahe zusammensteht und häufig in bunter Verschlingung sich durch einander wirrt, wie die abstrakten Regeln des materiellen Rechts und des Prozesses auf einander einwirken und nur in ihrer Verbindung richtig begriffen werden können. Damit gewinnt der Unterricht eine ganz andere Frische, ein erhöhtes Interesse auch für diejenigen, welche der reinen Wissenschaft weniger zugänglich sind, sie entwickeln und üben ihre eigenen Kräfte, lernen sich als thätige Glieder des Universitätskreises fühlen." Und unmittelbar darauf habe ich bemerkt: „Nicht, daß dies neue Anforderungen wären: die Einsichtigen haben solche längst gestellt und auf einzelnen Deutschen Hochschulen mit Glück realisirt. Gerade hierin aber steht Preußen zurück. Die Praktika insbesondere sind auf seinen Universitäten ungebührlich vernachlässigt, weil der Rechtskandidat die „praktische Geschicklichkeit" während seiner vieljährigen Vorbereitungslaufbahn im Staatsdienst zu erlangen hinreichende Gelegenheit habe*). Wir dagegen verlangen von dem angehenden Juristen zwar nicht eine sichere und gleichmäßige Beherrschung, schnelle und gewandte Handhabung des Rechtsstoffes, noch weniger jene „Geschicklichkeit", welche meist nichts anderes als Routine ist, wohl aber — die Fähigkeit zur selbstständigen Behandlung und Entscheidung einfacher Prozesse, es soll ihm die Beschämung erspart werden (auch hierin) während der ersten Jahre der Praxis dem Kanzlisten und Registrator nicht gewachsen zu sein."

All dem vermag ich auch heute nichts hinzuzufügen. Aber das Triennium hat es von jeher verhindert, daß sich auf den altpreußischen Universitäten eine irgend entsprechende Zahl von Studirenden diesen Uebungen hingab, und gerade für die Praktika hat es immer an dem ganz nothwendigen, in jeder Beziehung wünschenswerthen älteren Stamm von Studirenden vollständig gefehlt. Dagegen vermögen auch die aufopferndsten Bemühungen der Universitätslehrer, welche doch auf den altpreußischen Universitäten schwerlich von geringerer Qualität sind noch geringeren Eifer zeigen, als anderswo in Deutschland, nicht aufzukommen. In richtiger Würdigung des Bedürfnisses sind neuerdings von dem Unterrichtsministerium an den Universitäten juristische Seminarien errichtet, welche den Weiterstrebenden Anlaß geben, sich unter sachverständiger Leitung in selbständigen Arbeiten zu versuchen; es werden sogar Prämien vertheilt. Aber noch immer ist die Betheiligung eine verhältnißmäßig sehr geringe,**) auch naturgemäß diese strengste Methode der Anleitung auf großen Universitäten nicht allgemein durchführbar, vielleicht überhaupt von entscheidendem Werth nur für die höhere Ausbildung, insbesondere künftiger Lehrer der Rechts- und Staatswissenschaften. Von der überwiegenden Mehrzahl der Preußischen Studirenden wird auch die sonst — wenngleich vielleicht noch immer nicht ausreichend — dargebotene Gelegenheit nicht benutzt, und sie wendet in gewissem Maße mit gutem Grund, jeden-

*) Auf dieses unbegreifliche Mißverständniß laufen auch die Bemerkungen von R. Krüger gegen die „Praktika" hinaus.

**) Ein dieser Tage erstatteter Bericht der Berliner juristischen Fakultät an das Unterrichtsministerium bezeichnet als Ursache der geringen Betheiligung und Erfolge die weitaus zu kurze Studienzeit und dadurch bedingte Unreife auch der fleißigeren Studenten.

falls nicht ohne Anschein der Wahrheit ein, daß es ihr hierzu im Laufe von nur drei Jahren an Zeit fehle. Daß irgend ein Preußischer Student in zahlreichen oder gar in allen Hauptgebieten der Rechtswissenschaft exegetische und praktische Uebungen durchgemacht hätte — wie das anderswo nicht zu den Seltenheiten gehörte — ist vielleicht niemals vorgekommen. Glaubt man aber — und auch das ist wohl schon angedeutet worden — es ließe sich eben viel „Zeit gewinnen", indem an Stelle der doch „nutzlosen Vorlesungen" überwiegend oder ausschließend dergleichen Uebungen oder Disputationen gesetzt würden, so befindet man sich in einem schwer begreiflichen Irrthum. Ueberall und für alle Rechtszweige müssen historische und dogmatische Vorträge den Grundstock des Universitätsunterrichts bilden, an welche sich die Uebungen, und dgl. nur ergänzend und befruchtend anschließen können. Die Kinderschuhe durchweg oder überwiegend exegetischer und kommentirender Vorträge, welche sich an irgend ein Rechtsbuch, seien dies die Justinianeischen Institutionen oder die Pandekten oder das Decretum Gratiani, oder an das Preußische Landrecht, den Code Napoléon, ja selbst an das D. Strafgesetzbuch und Handelsgesetzbuch anschließen, etwa mit obligaten Disputationen und Conversatorien, wie solche ja ursprünglich allein bestanden, bis in die Mitte des achtzehnten Jahrhunderts allgemein üblich waren und noch gegenwärtig in Frankreich bestehen, haben wir in Deutschland lange ausgezogen. Wir kennen die Früchte dieser Methode*). Unsere Studenten müssen zuförderst durch energisch concentrirenden Vortrag etwas Positives gelernt haben, die Grundzüge eines Faches kennen, bevor die Lektüre eines juristischen Schriftstellers — etwa von Gaius abgesehen — oder Gesetzes oder gar praktische Uebungen und Disputatorien in dem betreffenden Fache Nutzen zu schaffen vermögen. Die unzweifelhaft nothwendigen Reformen der Unterrichtsmethode führen somit nicht zu einer Abkürzung, vielmehr unumgänglich zu

*) Treffend sagt v. Stintzing, die Deutsche Hochschule in ihrem Verhältniß zur allgemeinen Bildung unserer Zeit. Erlangen 1864: „Noch Luther mußte klagen, daß ein Schüler über die Erlernung der ersten Elemente des Lateinischen 10 Jahre verbringen könne. Von der Jurisprudenz aber erlernte durchschnittlich ein Student noch im Anfange des 16. Jahrhunderts während seiner ganzen Studienzeit mit gutem Fleiße kaum mehr, als er sich heute durch tüchtige Benutzung der Pandektenvorlesung in Einem Wintersemester aneignen kann".

einer sehr erheblichen Erweiteruug und Verlängerung der Rechtsstudien.

Steht es so im Bereiche der eigentlichen Jurisprudenz, noch genauer, ihrer überwiegend privatrechtlichen Fächer, so verhält es sich noch unendlich viel schlimmer, sobald man dieses enger umgrenzte Gebiet verlassend sich dem öffentlichen Recht oder gar den Staatswissenschaften, ja schließlich den allgemeinen humanen Disciplinen zuwendet. Die Lehrer des Privatrechts (Römischen, Deutschen, Handels-Rechts), allenfalls des Strafrechts und Prozeßrechts, sowie der dazu unmittelbar gehörigen historischen Disziplinen sind an der gegenwärtigen unzureichenden Dauer des Rechtsstudiums persönlich kaum interessirt. Ihre Vorträge werden nicht nur „belegt", sondern — wenn überhaupt welche — besucht, ihre Bücher oder andere über den betreffenden Gegenstand — wenn überhaupt welche — gelesen, wenn auch zum Studium auch nur einer römischrechtlichen „Monographie", etwa Savigny's oder Bruns' „Besitz", oder Windscheid's „Voraussetzung", sich wohl kaum ein Preußischer Rechtsstudent anders als im Seminar oder in dem seltenen Falle der Anfertigung einer Preisschrift bez. Doktordissertation versteigt; bevor ihn die „wissenschaftliche Prüfungsarbeit" für das erste Staatsexamen zur „Literatur" führt, geht Besitz und Gebrauch über einige Compendien selten hinaus. Denn auch dazu fehlt es wirklich an Zeit. Also uns Privatrechtslehrern könnte ja eigentlich die mangelnde Konkurrenz anderer Vorlesungen nur erwünscht sein! Ein noch so träger Student wird es kaum wagen, ohne einige, wenn auch nur im euphemistisch sogenannten „Repetitionskurs" aufgeraffte „Kenntniß" der Pandekten, des Deutschen Privat- und Handels-Rechts, der Römischen und der Deutschen Rechtsgeschichte sowie des Strafrechts sich zum Examen zu melden. Aber wie sieht es — von der unwiderstehlichen Anziehungskraft einzelner Lehrer selbstverständlich abgesehen — schon mit dem Staats- und Völker-Recht, dem hochwichtigen Verwaltungsrecht, dem Kirchenrecht, dem Strafprozeßrecht, oder gar mit der Nationalökonomie und der Finanzwissenschaft aus, ganz zu geschweigen von allgemeiner Staatslehre, Politik, den Grundzügen der Statistik, von historischen, philosophischen und noch anderen „humanen" Disziplinen? Wo nicht die alte Tradition des ehemaligen Collegienzwangs oder eine ganz ungewöhnliche Lehrkraft einwirkt, wird kaum noch die Rechtsphilosophie oder Logik, viel seltener schon die so wichtige Geschichte der Philosophie, die Psychologie, die Nationalökonomie*) „belegt", noch weniger gehört, geschweige denn studirt. Der Student weiß sehr gut daß alle diese Fächer im Staatsexamen gar nicht, oder nur ganz vereinzelt und dürftig, „gefragt" werden, und daß weder der hervorragende Appellationsgerichtsrath noch der ausgezeichnete Pandektist oder Germanist oder Criminalist zur eingehenden Prüfung im Stande sind. Es darf aber auch, trotz aller Gesetze und Reglements, welche das vorschreiben, der verständige Examinator diese Kenntniß gar nicht verlangen, da er es täglich auch von sehr begabten und fleißigen Jünglingen hören kann, daß es zu solchen Studien ihnen an Zeit fehle.

Wir sind in Deutschland stolz darauf, nicht Fachschulen, nicht écoles de droit, écoles de médicine u. s. w., sondern integrirende Abtheilungen, bloße „Fakultäten" Einer Hochschule zu besitzen, in welcher alle Fächer menschlichen Wissens durch möglichst tüchtige Gelehrte und Lehrer vertreten sind, an welcher Studirende aller Fächer zusammenarbeiten, um sich gegenseitig anzuregen und ihr engeres Fachwissen zu befruchten, wo eine edle Geistesbildung alle Glieder durchdringen soll. Niemand hat diese Gemeinschaft aller Wissenschaften auf den Deutschen Universitäten schärfer betont, als der größte Jurist unseres Jahrhunderts, als Friedrich Carl v. Savigny. Die hohe Blüthe der Deutschen Rechtswissenschaft, um welche uns denn doch trotz alledem andere Nationen beneiden, ist nicht auf dem engen Boden des Fachstudiums erwachsen, sondern sie ist möglich geworden lediglich durch den belebenden Einfluß, sei es der historischen und sprachwissenschaftlichen sei es der philosophischen Studien. Auf diesem Boden sind die bahnbrechenden Leistungen der Savigny und Eichhorn, der Feuerbach und Kierulff, Gneist's und so vieler Anderer entsprungen. Und da sollten wir ruhig fernerhin zusehen, daß nahezu geflissentlich unsern Studirenden der Weg zu dieser höheren Geistesbildung verschlossen wird, daß ein Studirender der Rechte nicht mehr im Stande ist, auch nur eine Vorlesung über Römische oder Deutsche Staats- und Cultur-Geschichte bei den ersten lebenden Meistern des Faches, einen Vortrag über Politik, Finanzwissenschaft, allgemeine

---

*) Das bezeugt auch A. Wagner a. a. O.

Staatslehre, über Psychologie oder Geschichte der Rechts- und Staats-Philosophie zu hören? Und wenn, wie Jedermann weiß oder doch wissen sollte, auch dem reinen Juristen das Studium der National-oekonomie völlig unentbehrlich ist, ohne die ja mit Grund gelegentlich betonte Gefahr der „Vielwisserei", wie soll es mit unseren künftigen Verwaltungsbeamten, mit den zahllosen Beamten der „Selbstverwaltung", mit unseren künftigen Abgeordneten in Reichs- und Landtagen werden, welche, soweit sie studiren, die gleiche erste Staatsprüfung abzulegen haben? Wer ohne ordentliches Wissen mindestens vom öffentlichen Recht und von politischer Oekonomie gegenwärtig in das öffentliche Leben tritt, weiß nur einen Theil des Unerläßlichen, steht rathlos und jedem Windhauch öffentlicher Meinung preisgegeben da in dem immer gewaltiger anschwellenden Kampf der socialen Interessen. Und unserer die Rechts- und Staatswissenschaften studirenden Jugend, für welche freilich häufig genug das stud. jur. „et cam." auf ihren Visitenkarten eine kaum verstandene Hieroglyphe bildet, sollen auf der Hochschule den großen und schwierigen Problemen der Staatswissenschaften fremd bleiben! Das versteht man doch anders in Oesterreich und Bayern, in Württemberg und Baden. Auch jetzt noch und wohl auf alle Zeit läßt sich ohne tiefere Kenntniß des Römischen Rechts keine juristische Bildung gründen, so wenig ein Bildhauer des Studiums der Antike zu entbehren vermag, aber das alte Sprüchwort „der gute Pandektist sei ein guter Jurist", oder das „aus dem ff Wissen", d. h. aus dem Corpus juris civilis begründen können, ist doch auch von uns Privatrechtslehrern längst über Bord geworfen. Es kann ja unerörtert bleiben, ob für Juristen nnd Verwaltungsbeamte schlechthin der gleiche Bildungsgang und Examenweg sich empfehle*); thut und will man dies, wie in Preußen, so muß auch dafür gesorgt werden, daß zu den vielen Selbsttäuschungen nicht eine neue hinzutrete. Daß für den Juristen ein dreijähriges Studium der Rechts- und Staatswissenschaften angeordnet ist und wieder beliebt werden soll, für den künftigen Verwaltungsbeamten aber ein „mindestens dreijähriges" Studium der gleichen Wissenschaft vorgeschrieben werden soll, ist doch gar ein zu wunderliches Auskunftsmittel. Man wähle zwischen Triennium oder Quadriennium, sonst

*) A. Wagner a. a. O. S. 145 citirt die schon reichhaltige Literatur dieser Frage.

streicht, wie bisher, die gar nicht schüchterne „Tradition" das „mindestens" fort. —

Endlich begehrt man von den Universitätslehrern, sie sollten den Blick ihrer Zuhörer erweitern, über den dürftigen(!) Horizont des Römischen ond Germanischen Rechts hinaus ihnen das Recht anderer alter und neuer Kulturstaaten vergleichsweise vorführen. Auch das ist nicht neu. Schon Anselm v. Feuerbach erachtete in dieser Beziehung einen Vortrag über Chinesisches Recht für weitaus förderlicher, als die Darstellung der Römischen Rechtsgeschichte. Und es würde sich ja sicherlich empfehlen, wenn man mindestens unsere angehenden Privatdozenten einen Kursus über Sprache und Geschichte des Reichs der Mitte, Aegyptens, geschweige denn über das Recht Englands und Frankreichs durchmachen ließe! Jedenfalls aber könnte mit kursorischen Aperçus über das Recht aller möglichen Nationen so wenig der wahren Bildung als dem Bedürfniß des angehenden praktischen Juristen gedient sein, und der vielleicht alles dies beherrschende geniale oder hochgelehrte Lehrer bedürfte, um irgend zu nützen, wiederum der Zeit.

VI.

Völlig außer Rücksicht gelassen ist bisher die Thatsache der allgemeinen Wehrpflicht. Auch in Preußen zieht dieselbe viel weitere Kreise junger Männer in ihren Bereich, als vor noch zwanzig Jahren. Wahrscheinlich — denn auch hierüber fehlt es, meines Wissens, an jeder Statistik — absolvirt ein starkes Drittel unserer Studirenden das „Freiwilligenjahr" während der Universitätszeit, und verkürzt sich so die überhaupt benutzbare Studienzeit auf 2, höchstens 2¼ Jahre, da der zu Zeiten mögliche Besuch von Vorlesungen um so weniger in Betracht kommt, als körperliche Anstrengung und die nothwendig auch geistige Beschäftigung mit dem Dienst und der Militärwissenschaft — aus den „Einjährigen" sollen ja die Offiziere der Reserve hervorgehen — sogar dem elastischen Geist jedes intensivere Studium unmöglich macht. Und wenn bei dieser unglaublichen Fiktion, welche ein nichtbenutzbares Studienjahr dem Triennium zuzählt, dem Rechtskandidaten zugemuthet wird, er möge zusehen, ob er gleichwohl in drei Jahren seine Studien vollenden könne, so wird wiederum geflissentlich alle „Tradition" und die zwingende Macht der Verhältnisse ignorirt. Auf diesen Umstand müssen die Examinatoren Rücksicht nehmen und sie thun es notorisch. Da sie ihre Examinanden nicht mit verschiedenem Maß messen dürfen, so müssen sie den Maßstab an Alle heruntersetzen. Wenn jeder Verständige sich sagen muß, daß im Laufe von 2 oder 2¼ Jahren ein nicht ungewöhnlich begabter wenngleich fleißiger junger Mann sich eine irgend ausreichende Kenntniß auch nur der privatrechtlichen Disziplinen unmöglich angeeignet haben kann, wie darf dem Examinator zugemuthet werden, das Gesetz, welches eine nur dreijährige Studienzeit vorschreibt und während dieser Studienzeit die Ableistung der Militärpflicht gestattet, als ein unvernünftiges zu ignoriren und Anforderungen zu stellen, welche nur unter ganz anderen Voraussetzungen erfüllt werden können?

Hat Friedrich Wilhelm III. auch diese Verhältnisse im Auge gehabt, als er vor 73 Jahren die dreijährige Studienzeit vorschrieb und das „Eilen von der Universität" als das wesentlichste Hinderniß gründlicher Ausbildung bezeichnete?

Unter diesen Umständen — um das Gesagte zusammenzufassen — den Universitätslehrern die Schuld an der mangelnden Ausbildung der Rechtskandidaten zuschreiben, heißt die Wahrheit in ihr Gegentheil verkehren; den Prüfungskommissionen ungerechtfertigte Milde vorwerfen, das Unmögliche verlangen; von Gesetz und Reglement Abhülfe erwarten, sich in längst widerlegten Illusionen wiegen. Was vor 70 Jahren zureichte, ist gegenwärtig durchaus unzureichend, mag man die spezielleren Bedürfnisse der Fachbildung oder, wie nothwendig, zugleich die höheren der allgemeinen Ausbildung ins Auge fassen. Ein vierjähriger Zeitraum und zwar ohne Berücksichtigung des Dienstjahres reicht nur gerade aus, um für den durchschnittlich begabten und durchschnittlich fleißigen Studenten ein für den Eintritt in die Praxis genügendes Mittelmaß rechts- und staatswissenschaftlicher Bildung zu erlangen. Vermag man sich — und ich erkenne sehr wohl die in dieser Hinsicht bestehenden großen Schwierigkeiten — zu einer Abrechnung der Militärzeit von der vorgeschriebenen Studienzeit nicht zu entschließen, so stellt der Staat bei Anordnung einer minimalen vierjährigen Studienzeit schon viel geringere Anforderungen, als eigentlich verantwortet werden kann. —

Aber — und ich komme hier auf einen weiteren, oft genug, meist freilich von Nichtpreußen ausgesprochenen Einwurf — es bleibt ja Jedermann die Möglichkeit einer längeren Studienzeit. Alle früheren Ausführungen zugegeben, auch in Sachsen und Württemberg und anderswo sind ja nur drei Jahre staatlich vorgeschrieben, und doch wird dort thatsächlich viel länger studirt*); warum soll der Staat denn den ganz ausgezeichnet begabten und fleißigen jungen Mann durchaus verhindern, vor Ablauf von vier Jahren sein Wissen und seine tüchtige Durchbildung darzulegen? Allerdings mag das hart sein — ebenso hart, wie der schon berührte zehnjährige Gymnasialkurs — aber leider sind einmal die Gesetze für die Durchschnittsverhältnisse gegeben und ohnehin zeigt der eben dargestellte thatsächliche Zustand jener Länder, daß es sich um bloße „Schulbeispiele“ handelte. Ueberdies kennt und versteht wer so spricht, nicht die Preußische „Tradition“. Zwar fehlt es wiederum an statistischen Erhebungen, aber ich glaube doch, nach sorgfältiger Beobachtung und Erkundigung, mit aller Bestimmtheit behaupten zu können, daß, sofern nicht Krankheit oder andere derartige Hindernisse einerseits oder unüberwindliche Schlaffheit und Trägheit andererseits entgegenstehen, oder endlich die Vorbereitung zum „Doktor“ beabsichtigt wird, kaum irgend ein (Alt-) Preußischer Student der Rechts- und Staatswissenschaften den Ablauf des sechsten Semesters vorübergehen läßt, ohne sich zur ersten Staatsprüfung zu melden, und daß sicherlich insgesammt höchstens 5 Prozent unserer Studirenden von dem unzweifelhaften Recht wie von der auch ihnen gar

---

*) Freilich nimmt auch hier die „Verpreußung“, aber diesmal mit Zustimmung der leitenden Kreise bedenklich zu. In der Sitzung der Ersten Sächsischen Kammer v. 26. November d. J. führte der Oberbürgermeister André (ein früherer Preußischer Jurist) aus, daß man gesetzlich ein für allemal die Universitätsstudienzeit der Juristen auf drei Jahre fixiren müsse, um den ganz verkehrten Bestrebungen einer Verlängerung der Universitätszeit auf vier Jahre einen Riegel vorzuschieben; es werde (was ja übrigens faktisch richtig sein könnte) im Sächsischen Staatsexamen viel zu viel verlangt, was besser der praktischen Ausbildung vorbehalten bleibe. Der Antrag André wurde von einem Appellationsgerichtspräsidenten a. D. und einem Superintendenten befürwortet, vom Justizminister bekämpft, und schließlich „nicht aus sachlichen Gründen, sondern weil die Mehrheit der Kammer der Auffassung zuneigte, daß die betreffenden Bestimmungen nicht Sache der Gesetzgebung, sondern der Justizverwaltung (!) seien, abgelehnt“ (Leipziger Tageblatt v. 5/12 1877. Erste Beil.)

nicht verschlossenen Zweckmäßigkeit einer längeren Studienzeit Gebrauch machen*). Das wirkt eben ein fehlerhaftes Gesetz wie die Macht der „Tradition". Wenn der „Staat", welcher ja sicherlich hierin am Besten Bescheid weiß, eine dreijährige Studienzeit für genügend erachtet, wenn er, was doch vorausgesetzt werden muß, bei seiner Festsetzung ebenso wohl auf das Durchschnittsmaß von Fleiß und Befähigung wie auf den von ihm selbst gesetzlich bezeichneten Wissensumfang, wie endlich auf die Gesammtheit der thatsächlichen Verhältnisse, ja sogar auf die Militärdienstzeit, gebührende Rücksicht nimmt, wie darf es den Eltern, Vormündern, welche nur zu häufig sich in gleicher Lage befunden haben, zugemuthet werden, länger als das Gesetz erheischt, große Opfer zu bringen, einen dafür vielleicht nur allzuempfänglichen Jüngling länger den Gefahren des freien Universitätslebens auszusetzen; wie dem Jüngling selbst, im „Anciennitätskampf" ein Jahr oder noch länger hinter seinen entschlossenen Altersgenossen zurückzubleiben? Häufig genug habe ich aus den wohlhabendsten, ja reichen Familien das gehört, auch wohl mit dem Zusatz: der Auskultator muß in sechs Semestern „fertig" sein, wer das nicht zu Wege bringen kann, ist ein träger Mensch oder ein überspannter Kopf, welcher „höher hinaus will" als die Regierung und als jeder Einsichtige für erforderlich erachtet. Stets, wenn ich, dem man sonst wohl Einsicht und Uebersicht der Verhältnisse zutraute, ein längeres Studium empfahl, predigte ich tauben Ohren. Das ist denn auch naturgemäß die unerschütterliche „Tradition" unter unseren Altpreußischen Studirenden. Der Rechtskandidat weiß in der Regel sehr wohl, daß er viel zu wenig gelernt hat, aber schon die „Standesehre" erlaubt ihm nicht zurückzubleiben hinter seinen Commilitonen, welche ja mit gleich geringem oder noch geringerem Wissen „durchgekommen" sind. Nicht einmal sein wirkliches Ehrgefühl wird angeregt, da die Noten beim ersten Staatsexamen weggefallen sind. Die „Praxis" wird schon, und damit trösten sich Vater, Kandidat, ja der Examinator, das Uebrige thun. Während der Preußische Philologe trotz gesetzlichen Trienniums nicht leicht vor Ablauf von vier Jahren ins Examen geht, der Mediziner sein vorgeschriebenes Quadriennium um ein, häufig um zwei Jahre zu überschreiten pflegt, im

*) Ein derartiges „Wunder" kommt äußerst selten vor. Gleiches bestätigt Gierke a. a. O.

deutschen „Ausland“ all dies ganz gewöhnlich ist, stehen wir vor einer festen Altpreußischen Tradition, deren Bruch nicht freiwillig, sondern nur durch Staatszwang erfolgen kann.

VII.

„Die Praxis soll es machen“, oder, wie die Motive zum Gesetzentwurf sich euphemistisch ausdrücken, die dreijährige Studienzeit „in Verbindung mit der vierjährigen praktischen Vorbereitungszeit hat sich durch eine langjährige Erfahrung als ausreichend erwiesen“.

Ich weiß sehr wohl, was die Praxis kann und was sie nicht kann. Mag auch mit dem Amt der Verstand kommen, oder vielleicht, wie der Minister v. Eulenburg meinte, sich mit den Jahren „das Gehirn mehr verdichten“, so kann und soll die Praxis doch erzielen nicht Wissen, sondern Können, das noch schwache Können zur fertigen Kunst ausbilden. So wenig die Universität sich die Aufgabe stellen darf, „Praktiker“ zu bilden, sondern gute Juristen, welche tüchtiges Wissen und sichere Methode besitzen, so wenig kann die Praxis Theorie und Methode des Wissens lehren. All das haben vor Jahren schon v. Stintzing, Twesten, Miquél und Andere so treffend gezeigt, daß ich hier nur sie und mich selbst wiederholen könnte. Durch den frühzeitigen Uebertritt in die Praxis wird nichts erreicht als ein „scheinbarer Zeitgewinn durch Abkürzung der ohnehin kurz genug bemessenen Bildungszeit“. Die Praxis kann einen gut durchbildeten jungen Mann von auch nur mittleren Fähigkeiten zu einer sehr tüchtigen, vielleicht hervorragenden Kraft entwickeln, indem sie sein Wissen lebendig macht und vertieft. Sie kann nicht mangelndes Wissen ersetzen, nicht Unbildung in Bildung, nicht Oberflächlichkeit in gründliche Kenntniß umwandeln. Sie kann freilich den gewandten Routinier machen, welcher mit der genügenden Portion wirklichen oder zur Schau getragenen Selbstbewußtseins, häufig in glücklicher Selbstzufriedenheit, daher mit stets fertigem Urtheil dem Unkundigen sein Halbwissen zu verdecken weiß, seine Aktennummern korrekt fertig bringt, aber vor wirklich schwieriger Aufgabe versagt. Nicht Jeder ist so ehrlich, wie der alte Stadtgerichtsrath S—d in Danzig, welcher, wenn er nicht mehr auswußte, zu dekretiren pflegte „Die Sache wird klatrig, daher ad acta, reprod. nach 6 Monaten“. Was sonst von der „Praxis“ erwartet werden mag, das tiefere Studium, die Erweiterung des selbstverständlich immer lückenhaften Wissens, all das gehört der nothwendigen Fortentwicklung auch des gereiften Mannes in jedem Berufe an und hat mit der technischen Ausbildung des Juristen und Verwaltungsbeamten durch die Praxis gar nichts zu schaffen. Es ist ja freilich möglich, daß ein auf der Universität sehr kümmerlich ausgebildeter Jurist durch gründliches Studium eine tüchtige Fachbildung erwirbt, ja, daß erst wenn in der Praxis für ihn die abstrakten Rechtsgebilde Fleisch und Blut annehmen, mit der tieferen Einsicht auch die Freude an seinem Beruf sich entwickelt. Aber das soll doch wohl nichts Besonderes der juristischen Praxis sein! Wie die hervorragenden „Praktiker", welchen die Wissenschaft des Preußischen und des gemeinen Rechts neben oder gar noch vor den Universitätslehrern ihre Fortschritte verdankt, wie Männer gleich Bornemann und C. F. Koch, O. Bähr, v. Liebe, v. Salpius u. A., ihre Universitätszeit benutzt haben, ist mir unbekannt, ebenso ob gerade diese Männer die so hoch geschätzte „Gewandheit" in hervorstechenden Maße besessen haben; aber wohl Niemand wird glauben, daß die „Praxis" ohne eingehende streng theoretische Studien sie zu ihren bedeutsamen Leistungen geführt hat. Und doch verlangt der Staat mit Fug und Recht, daß wer sich den höheren, für ganze Bevölkerungsklassen, ja vielleicht für die Gesammtheit so wichtigen Berufszweigen widmet, schon von der höheren Bildungsanstalt her ein theoretisch insoweit zulängliches Maß des Wissens mitbringe, daß es bei normaler Fortbildung für den Beruf ausreicht. Außerordentliche wissenschaftliche Arbeit, durch welche ein noch ganz unreifes Wissen in reifes verwandelt wird, kann der Staat während der Praxis weder verlangen noch erzwingen. Fehlt ja zum tieferen Studium meist schon die unentbehrliche Muße, häufig genug das unumgängliche literarische Material. Ist es denn den zum Theil sehr tüchtigen Genossen, mit welchen ich meine praktische Vorbereitungslaufbahn durchmachte, beigekommen, die Lücken ihres Wissens etwa im Deutschen Recht oder im Strafrecht oder gar im Staatsrecht und der Nationalökonomie durch Studium auszufüllen? Sie haben allenfalls Preußisches Recht studirt, welches sie noch gar nicht kannten, und dann zum großen Examen selbständiger oder mechanischer repetirt. Anders wird und kann es auch nie werden.

Und von welcher Praxis, für welche Ziele wird in Zukunft diese tiefere wissenschaftliche Ausbildung erwartet, nachdem schon jetzt das große Examen seinen nahezu überwiegend theoretischen Charakter verloren hat, an Stelle der bisherigen Praxis aber eine völlig verschiedene treten wird. Zur Zeit der Allgemeinen Gerichtsordnung, ja noch bis zu Anfang der fünfziger Jahre, erfolgte die Ausbildung der Auskultatoren und Referendare mit einer gewissen Behaglichkeit; die vorgesetzten Richter benutzten zwar häufig genug „ihren Auskultator" als bloßen Schreiber, häufig aber unterwiesen und förderten sie ihn auch ganz schulgerecht. Ganz oder nahezu selbständig besorgte ferner der Auskultator die so lehrreiche Instruktion des Prozesses mit den Parteien und deren ehemals noch nicht so häufigen Anwälten; das schwierige „Meisterstück" des alten status causae et controversiae — auch ich habe noch in einzelnen Rechtssachen den pädagogischen Nutzen desselben sehr lebendig empfunden — später der vorläufige Urtheilsentwurf (Referat und Votum) gewöhnte den jungen Praktiker an die präcise Zusammenstellung des Thatsächlichen und an Hervorhebung der entscheidenden rechtlichen Gesichtspunkte.*) Bereits seit dem Jahre 1846, noch mehr seit den Jahren 1849/51 ist die Ausbildung, wenngleich vielseitiger, auch unruhiger und beweglicher geworden, die immerhin steife und zopfige aber sichere Methode der alten Zeit wesentlich abgeschwächt. Und nun stellen wir uns gar, neben Grundbuchordnung, Vormundschaftsordnung, Handelsregister, die binnen Kurzem ins Leben tretende Deutsche Civilprozeßordnung vor — denn deren Handhabung ist ja bekanntlich die Hauptsache — mit ihrem strengsten Anwaltszwang für den Landgerichtsprozeß, mit ihren überaus großen, wie Jedermann weiß nahezu übermenschlichen Anforderungen, welche an Gewandheit, Schnelligkeit, stets bereite Stoffbeherrschung der Richter und Anwälte gestellt werden. In dieser raschen Lebensschule soll der junge Praktiker aufwachsen, bei Gerichten, Anwälten, Staatsanwälten arbeiten, zufolge § 2 des vorliegenden Gesetzentwurfs nach zwei Jahren mit der zeitweiligen selbständigen Wahrnehmung sehr wichtiger, wenn auch — formell — nicht aller richterlichen Geschäfte mindestens bei einem Amtsgericht — sicher wohl auch mit der Vertretung von Anwälten — betraut werden können! Wie wird in einer ohnehin schnelllebigen, zum baldigen Erwerbe drängenden Zeit zukünftig auch nur die Möglichkeit bleiben,

*) Auf diese Vorzüge der alten Methode haben bereits Twesten und Waldeck hingewiesen: Verh. des Abgeordnetenh. 1868/9 Sten. Ber. II S. 1831. 1838.

erhebliche Lücken der wissenschaftlichen Kenntnisse auszufüllen oder gar ein von der Universität mitgebrachtes Halbwissen in ganzes Wissen zu verwandeln, ja ganze wichtigste Rechtstheile, Nationalökonomie und Finanzwissenschaft erst gründlich zu studiren! Oder sollen etwa unsere Gerichts- und Anwalts-Stuben in Zukunft zu Schulen werden, wo der ideale Amtsrichter und Anwalt noch nebenbei unentgeltlichen Jugendunterricht übernimmt? Schon vor nahezu fünfzig Jahren hat der freilich hierin etwas weiter als die damalige Preußische Bureaukratie blickende und auch mit Zuständen anderer Länder wohl vertraute Ed. Gans vollkommen richtig gesagt, das Gericht sei keine juristische Lehranstalt und die Bemühungen, welche hier stattfänden, um Referendare „auszubilden", würden der Gerechtigkeit und ihrer Beschleunigung entzogen *). Viel fertiger und reifer wird in Zukunft der junge Jurist in den „Vorbereitungsdienst" eintreten müssen, soll er von der großen praktischen Schule irgend welchen Nutzen haben, noch weniger als bisher wird die bloße Abrichtung und Brauchbarkeit für das gewöhnliche Geschäftsleben ausreichen. Man denke gar an die Beamten der Selbstverwaltung! An die Leistungen seiner Richter, seiner Anwälte, Verwaltungsbeamten stellt der Preußische Staat überall sonst unerhörte, kaum noch erfüllbare Anforderungen — nur mit schwerer Sorge mag man an den künftigen „Amtsrichter" denken —, an die Grundlage ihrer Bildung die geringste, überall sonst für unzureichend erachtete. Mit höchster Sorgfalt überwacht dieser Staat die Bildung der Schuljugend, der Techniker, der Geistlichen und Lehrer, der Aerzte und vor Allem der Offiziere; sogar strenge wiederholte Prüfungen begleiten die letzteren bis in die höheren Stufen. Aber für den Juristen und Verwaltungsbeamten soll gesetzlich eine Studienzeit genügen, welche kaum noch den kümmerlichen Verhältnissen des achtzehnten Jahrhunderts entspricht, während das gewaltige Leben der Gegenwart immer neues Recht hervorruft, das alte sich vertieft und erweitert, die Staatswissenschaften eben erst sich vollends entfalten, und allseitig schon vor fünfundzwanzig Jahren zugestanden worden ist, daß dieses Triennium eine auch annähernd genügende Ausbildung nicht zu gewähren vermag!

*) Beiträge zur Revision der Preuß. Gesetzgebung 1830 Bd. I S. 353.

VIII.

Von den Gegnern werden endlich noch zwei „Gründe“ in's Feld geführt, ja man zieht sich häufig genug, wenn alle anderen Positionen verloren sind, auf diese zurück, beschränkt sich vielleicht von vornherein auf das tiefe Bedauern, daß diese „Gründe“, mindestens der zweite, nicht gestatten, die „an sich“ gewiß vortreffliche und so sehr wünschenswerthe Ausdehnung der Studienzeit auf vier Jahre zu empfehlen, vielmehr dieser Ausdehnung ein „unübersteigliches Hinderniß“ entgegenstellen. Es ist sehr merkwürdig, wie dann an Stelle des immerhin positiven Bodens eines „durch vieljährige Erfahrung bewährten Systems“ äußerst pessimistische und elegische Zukunftsbetrachtungen treten, an denen ja sonst unsere Justizverwaltung nicht zu kranken pflegt.

Erstens: Die gesetzliche Ausdehnung der Studienzeit werde, so wird versichert, nicht der besseren Ausbildung zu Gute kommen, sondern es würden, wo überhaupt, statt 2 oder 2½ Jahre in Zukunft 3 oder 3½ Jahre der besten Jugendzeit in eitel Müßiggang, günstigenfalls zu ziellosen Exkursen in „Humaniora“ verwendet werden. Wer sollte diese Möglichkeit bestreiten? Allein wäre es nicht von diesem Standpunkte aus richtiger, von dem Gebot des doch nur unnützen „Aufenthalts auf Universitäten“ ein für allemal abzusehen, und allenfalls Schreiber und Repetenten mit einer ausreichenden Ausbildung der Rechtskandidaten zu beauftragen?!

Indessen thut diese Anschauung unseren Studirenden bitteres Unrecht. Erfahrungsmäßig tritt auch bei unserer wohlhabenden Jugend, welche das Bedürfniß empfindet, sich einmal gründlich „auszutoben“, nach einem, sicherlich — von seltenen Ausnahmen abgesehen — nach zwei Jahren eine Uebersättigung an dem bloßen Müßiggange ein. Sie will ernst werden, hat wohl den redlichen Wunsch, das Versäumte nachzuholen. Aber dazu ist die Zeit viel zu kurz, denn bei dem traditionell auf drei Jahre beschränkten Universitätskurs steht das Examen vor der Thüre; jetzt kann nur noch schnell „repetirt“, d. h. das nothwendigste Wissen eingetrichtert werden, und das geschieht nicht nur mechanisch, sondern mitunter sogar in höchst gefährlicher Ueberarbeitung. Ganz anders, wenn noch zwei oder gar drei Jahre bevorstehen; hier läßt sich bei tüchtigem Fleiß immerhin noch ein tüchtiges Stück nachholen, ein Durchschnittswissen erzielen. Darüber weiß ich aus reicher an Anderen und leider auch an mir selbst gemachter Erfahrung vollkommen Bescheid, weiß auch lebhaft zu würdigen, daß die verständige Nachsicht meines Vaters mir ein vierjähriges Studium gestattete, ohne welches ich in dem allgemeinen Strom untergegangen wäre. Und wenn der Justizminister mit besonderem Nachdruck betont hat, der kaum zu beseitigende Hauptübelstand liege in dem Verlust des ersten grundlegenden Semesters, so liegt darin doch eine nur sehr relative Wahrheit. Ich habe ein Jahrzehnt hindurch die Institutionen vorgetragen und immer wieder die Hörer darauf hingewiesen, daß ohne das eingehende Studium dieser einleitenden Disziplin ihnen die Grundlagen des juristischen Wissens überhaupt fehlen. Aber auch das läßt sich, wie ich an mir selbst und Anderen oft genug erprobt habe, mit rechtem Ernst nachholen, wenn nur Zeit gelassen wird. Nachdem ich, nach gehöriger Zeitvergeudung, mit Gaius, Ulpian und den Justinianeischen Institutionen an der Hand den Puchta'schen Institutionenkursus etwa $^1/_2$ Jahr ordentlich studirt hatte, war ich, ohne das „belegte" Colleg je besucht zu haben, sehr wohl zu selbständiger Weiterarbeit im Stande. Ueberdem ließe sich vielleicht ähnlichen Uebelständen durch Einführung einer Zwischenprüfung abhelfen, welche in Preußen für die medizinischen Studien längst besteht, in Oesterreich auch für Rechts- und Staatswissenschaften durch die Studienordnung vom 2. October 1855 eingeführt ist, sich dort vollkommen bewährt hat und von sehr gewichtigen Männern — ich nenne nur Carl v. Raumer, Jürgen Bona Meyer, Nasse, Jolly, Georg Meyer, Lasker, Marquardsen, Kleinwächter *) — empfohlen wird.

Endlich übersieht man vollständig den gar nicht hoch genug anzuschlagenden pädagogischen Werth eines vierten Studienjahres gerade für die begabteren und tüchtigeren Studenten. Sie haben dann gerade so viel gelernt, um einigermaßen frei ihr Fach übersehen zu können, sie sind nicht mehr gedrängt durch die Masse des neuen Stoffes, sie beginnen, zumal unter verständiger Leitung, freier und selbständiger zu arbeiten. Gewährt man ihnen jetzt Muße, so vermögen sie häufig in sechs Monaten mehr und Dauern-

*) Kleinwächter, die rechts- und staatswissenschaftlichen Fakultäten in Oesterreich. Wien 1876 S. 41 ff., wo auch ältere Literatur angeführt ist.

deres für ihre Gesammtbildung zu erreichen, als ihnen eine vieljährige Praxis gewähren kann. Es ist gleichsam das so unschätzbare zweite Jahr der Prima vor dem Abiturientenexamen, welches eine verständige Unterrichtsordnung auch hervorragend tüchtigen Gymnasiasten, die ja sehr geneigt sind, möglichst bald in die freie Universitätszeit einzutreten, schwerlich je erlassen wird. Denn für unsere Gymnasialbildung gilt ja Gottlob noch der von Stintzing ganz richtig formulirte Satz „Wer in tüchtiger theoretischer Ausbildung gereift ist, wird mit größerer Leichtigkeit auch die „praktische Fertigkeit" (oder „die überwiegend specielle Berufs- und Fach-Bildung") erwerben, als ein Anderer, welcher an Kenntnissen und Charakter unreif in die Maschine der Berufsthätigkeit gespannt (oder in „die überwiegend spezielle Berufs- und Fach-Bildung" gewiesen) wird".

Zweitens: Das schon im Eingange erwähnte Rechenexempel: Der Preußische Staat muß unter allen Umständen von dem glücklich bestandenen Rechtskandidaten einen vierjährigen praktischen Vorbereitungsdienst fordern; folglich, da die materiellen Mittel der Bevölkerung zu einer mehr als siebenjährigen Vorbereitung nicht ausreichen, und die Anordnung einer etwa achtjährigen Vorbereitung dahin führen müßte, daß dem Staat eine ausreichende Zahl von Richtern fehlen würde, so kann der Universitätskursus auf nicht länger als drei Jahre festgestellt werden. Dies sei die durchschlagende praktische Erwägung, die Realität, an welcher jeder idealistische Traum der Phantasten nothwendig zerstiebe.

Vielleicht wagt aber der idealistische Phantast oder phantastische Idealist die bescheidene Frage, wie es mit den Obersätzen, den „unzweifelhaften Prämissen" dieses unanfechtbaren Syllogismus aussieht.

Die praktische Vorbereitungszeit beträgt gesetz- und reglementsmäßig 3 Jahre in Frankreich, ebensoviel in Braunschweig; 2½ Jahre (früher weniger) in Bayern (davon 18 Monate Justiz-, 12 Monate Verwaltungs-Praxis); 2 Jahre in Baden, Großherzogthum Hessen, Oldenburg, Anhalt (früher auch in Nassau), 1½ Jahre in Sachsen Weimar; sogar nur 1 Jahr in Sachsen, Württemberg und Oesterreich*).

*) Nur für die Advokatenlaufbahn hat Oesterreich strengere Anforderungen: 3jährige praktische Vorbereitung, und — dies ist aber nur eine Beschränkung der prinzipiell freien Advokatur — nach zurückgelegter Advokatenprüfung noch vier Jahre Praxis.

Also die Großstaaten Frankreich und Oesterreich, der Mittelstaat Bayern mit ihren complicirten Rechtszuständen wissen von der Unumgänglichkeit eines vierjährigen praktischen Dienstes nichts. Und seit wann besteht eine derartige gesetzliche Norm für den Preußischen Staat? Erst seit dem Gesetz v. 6. Mai 1869, welches die in Hannover — dort wahrscheinlich nach dem thatsächlichen Beispiel Preußens — im Jahre 1856 (oder schon 1850?) angeordnete vierjährige praktische Vorbereitungszeit auf den gesammten Preußischen Staat übertragen hat. Bis zur Verf. vom 22. Juni 1847, insbesondere aber vor der Justizreform der Jahre 1849/51 war es in Preußen möglich, die für den höheren Justizdienst vorgeschriebene Vorbereitung bei Unter- und Ober-Gerichten zusammen in 2½ Jahren oder noch kürzerer Zeit zu absolviren; der Abgeordnete Twesten hat von sich und von Freunden berichtet, daß auch thatsächlich kein längerer Zeitraum zwischen ihrem ersten und der Meldung zu ihrem dritten Examen verflossen sei*). Erst nachdem durch das C.-R. vom 16. Dezember 1849 — nicht durch ein unter Zuziehung des Landtags erlassenes Gesetz — die Stationen von festbegrenzter Dauer für die Beschäftigung der Referendare eingeführt waren, erhöhte sich die minimale Vorbereitungszeit nothwendig auf vier Jahre. Daß thatsächlich vorher wie nachher der praktische Dienst in der Regel fünf bis sechs Jahre, nicht selten sogar sieben Jahre umfaßte, spricht doch wahrlich nicht für die Nothwendigkeit eines auch nur vierjährigen Dienstes, sondern erweist lediglich, entweder daß es den Auskultatoren und Referendaren durchaus an der nothwendigen wissenschaftlichen Vorbildung fehlte, oder daß der arme Staat in den unbesoldeten Auskultatoren und Referendaren möglichst lange seinen Richtern bequeme Schreiber und Gehülfen beizuordnen sehr angemessen fand, oder, wie ich glaube, Beides. Gab es doch auch Auskultatoren, welche in vier Jahren nicht bis zum Referendar vorrückten! (R. v. 7/11 1832). Als in den Jahren 1868/9 die gesetzliche Fixirung der minimalen vierjährigen Dienstzeit verlangt wurde, motivirte man dies zunächst mit der Nothwendigkeit eines von den Referendaren auch bei den Verwaltungsbehörden zu absolvirenden einjährigen Kursus; es wurde im Herrenhause von dem Ministerpräsidenten Grafen v. Bismarck-Schön-

---

*) Verhandl. des Abgeordnetenhauses 1868/9. Sten. Ber. II. S. 1828 ff. 2090 ff. Vgl. auch die Rescripte v. 11/2 1831, 12/8 1833, 8/2 1834.

hausen, dem Justizminister selbst*), dem Obertribunalspräsidenten v. Götze, den ehemaligen Oberpräsidenten v. Kleist-Retzow und v. Meding, im Abgeordnetenhause von den Abgeordneten Reichensperger, Lesse, Twesten, Lasker auf das entschiedenste ausgesprochen, daß für die praktische Ausbildung des *Juristen* drei Jahre „unter allen Umständen" vollkommen ausreichen, und es betonte Präsident v. Götze insbesondere den schweren Mißbrauch, die jungen Juristen zu Registratur- und Kanzleidiensten zu verwenden. *Demgemäß hat nicht allein die Justizkommission des Abgeordnetenhauses*, sondern das Abgeordnetenhaus *selbst*, indem aus verschiedenen, hier irrelevanten Gründen das Verwaltungsjahr gestrichen wurde, *den praktischen Vorbereitungsdienst der Juristen auf drei Jahre fixirt.* Nunmehr freilich betonte man Seitens des Justizministeriums**), daß auch bei Wegfall des Verwaltungsdienstes für den Juristen der vierjährige Dienst unerläßlich sei, da ja auch das Verwaltungsjahr der „juristischen Ausbildung" zu Gute komme, daß dies eine *Lebensfrage* für die Justizverwaltung sei, und es hat schließlich, um nur eine Ausgleichung zwischen den alten und neuen Landestheilen und die Beseitigung des zweiten Examens zu erreichen, weil ferner doch thatsächlich auch in Preußen die vier Jahre herkömmlich waren, das Abgeordnetenhaus sich gefügt, zumal immer wieder der *provisorische Charakter* des Gesetzes, die endliche Erledigung durch die für den Norddeutschen Bund bereits in Aussicht genommenen Vorarbeiten eines gemeinschaftlichen Gesetzes betont wurde. —

Dies ist die Genesis des angeblich Altpreußischen „Axioms" von der vierjährigen praktischen Dienstzeit.

Erwägt man nun, daß ein beträchtlicher Theil der Registratur- und Schreiber-Arbeit, welche herkömmlich den Referendaren oblag, in Wegfall kommt; daß, wie oben ausgeführt ist, die künftige prakti-

*) *Motive* zum Gesetzentwurf: „Jene für die Gesammtvorbildung eines Referendars bis zur Zurücklegung der großen Staatsprüfung angenommene vierjährige Frist ist *aber zugleich so geräumig bemessen*, daß es *zulässig erscheint, hiervon Ein Jahr für eine Beschäftigung der jungen Juristen im Verwaltungsdienste abzuzweigen*". Rede des J. M. Dr. *Leonhardt* im Herrenhause v. 5. November 1868 (Sten. Ber. 1868/9 I S. 13): „Man hat angenommen, daß die *vierjährige Zeit eine so weite sei*, daß *eine solche Verpflichtung* (zu 1 Jahr Verwaltungsdienst) *als zulässig sich darstellt*".

**) Sten. Ber. II S. 1827. 2094 u. Bericht eod. S. 2087.

sche Ausbildung der jungen Juristen ohnehin nur geringe Garantien darbietet, wenn man sich nicht mindestens dazu entschließt, ihnen einen Jahreskurs beim Anwalt — wie ihn vor schon fünfzig Jahren Ed. Gans verlangt hat — der besten Schule für den künftigen Prozeß, vorzuschreiben; daß notorisch ein sehr beträchtlicher Theil, wenn nicht die Mehrzahl unserer Referendare völlig unreif in die praktische Vorbereitungszeit eingetreten ist; daß aber dies durch einen vierjährigen Universitätskurs und ein auf diesen folgendes wirklich strenges Examen sich ändern kann und muß, so wird kein Unbefangener nur anstehen, den dreijährigen Vorbereitungsdienst, wie ihn das Deutsche Gerichtsverfassungsgesetz als unumgänglich anordnet, auch für Preußen vollständig, ich glaube für mehr als ausreichend zu erklären. —

Damit wäre auch eine Lösung für die gleichfalls noch schwebende Frage über die Befähigung zum höheren Verwaltungsdienst gewonnen. Es versteht sich, sobald man den gleichen Studiengang und die gleiche erste Prüfung vorschreibt, meines Erachtens von selbst, daß durchaus die gleichen Anforderungen sowohl hinsichtlich der Rechts- wie hinsichtlich der Staatswissenschaften gestellt werden müssen, schon um nicht der so schwierigen Entscheidung für den künftigen Beruf vorzugreifen; dagegen mag später sich die Vorbereitung scheiden. Ich würde glauben, daß für den gut vorbereiteten künftigen Verwaltungsbeamten ein einjähriger juristischer Vorbereitungsdienst ausreicht, an welchen sich ein zweijähriger praktischer Verwaltungsdienst anschließen mag, und daß das zweite praktische Examen ganz vorwiegend sich im Gebiete der Staatswissenschaften wie des öffentlichen Rechts zu bewegen hat.

Wie im Uebrigen der Studienkurs einzurichten, ob nach Verlauf von etwa zwei Jahren eine Zwischenprüfung einzuschalten, ob eine Studienordnung*) zu erlassen, wie die Prüfungskommission zusammenzusetzen sei, ob nicht endlich, nach dem Vorbilde Oesterreichs, der Schweiz und neuerdings der Reichsuniversität Straßburg, der nothwendige enge Zusammenhang der Rechts- und Staats-Wissenschaften durch Begründung von rechts- nnd staatswissenschaftlichen

*) Auch diese Frage ist noch keineswegs als gelöst zu erachten, obgleich ich persönlich den „Collegienzwang" für zwar nicht verwerflich, aber nutzlos erachte. Vgl. gegen die in Deutschland, vornehmlich in Preußen (seit 1864) herrschende Richtung beachtenswerthe Ausführungen bei Kleinwächter a. a. O. S. 18 ff.

Fakultäten anzuerkennen sei, diese und andere sehr gewichtige Fragen gehören nicht in den Rahmen dieser Arbeit. Nur das Eine will ich betonen, daß alle diese Anordnungeu, sofern sie nicht durch Gesetz getroffen werden, mindestens nur vom gesammten Staatsministerium, welches in allen Ressorts an der zweckmäßigen Ausbildung der Juristen und Verwaltungsbeamten interessirt ist, wo möglich sogar unter Konkurrenz des Auswärtigen Amtes des Deutschen Reichs aufgestellt werden dürfen; daß endlich die gelegentlich empfohlene Einschiebung eines praktischen Kursus zwischen die Studienzeit durchaus und aus den verschiedensten Gründen zu widerrathen sein dürfte. Es läßt sich, wie gezeigt, bei ausreichender Studienzeit sehr wohl auf der Universität diejenige Ausbildung erzielen, welche den jungen Juristen zur wirksamen und selbthätigen Arbeit während des praktischen Vorbereitungsdienstes befähigt.

Es versteht sich endlich von selbst, daß, wie bisher nach Preußischem Recht von dem dreijährigen Fachstudium, so in Zukunft von dem vierjährigen Fachstudium angemessener Dispens in besonders gearteten Fällen, namentlich beim Uebergang aus einem längeren anderweitigen Fachstudium, gewährt werden darf. —

Wollte man schließlich unter keinen Umständen von dem vierjährigen Vorbereitungsdienst abgehen, so würde sich freilich eine, meines Erachtens durchaus unnöthige achtjährige Vorbereitungszeit von der Ablegung der Abiturientenprüfung bis zur Ablegung der zweiten Staatsprüfung ergeben. Daß aber sogar eine solche keineswegs auf die materiellen Schwierigkeiten stößt, welche immer und immer wieder als der ausschlaggebende praktische Grund hervorgehoben werden, läßt sich historisch wie mit Zahlen über jeden Zweifel darlegen.

Zu einer Zeit, da thatsächlich die Vorbereitung zum höheren Justizdienst in Preußen mindestens acht bis neun Jahre beanspruchte, und ungeachtet dreier Examina, ungeachtet die staatliche Besoldung den Richter kaum vor dem Verhungern schützte, die lukrativere „Anstellung“ als Anwalt nur wenigen Glücklichen zu Theil wurde, der durchschnittliche Wohlstand der Bevölkerung weit hinter dem gegenwärtigen zurückstand, war häufig genug der Zudrang zu den Rechtsstudien so groß, daß wiederholt (z. B. 1836, 1857/8) Justiz- und Cultus-Ministerium feierlich vor Einschlagung dieser höchst bedenklichen Laufbahn und zwar mit dem durchschlagenden Erfolge warnten, daß wenige Jahre nachher ein empfindlicher Mangel an jüngeren Juristen eintrat. Die Allgemeine Verfügung des Justizministers Mühler vom 6. Mai 1840 beginnt mit der Klage, daß der Andrang von Referendaren zur dritten Prüfung von Jahr zu Jahr zugenommen hat, daß bis Ende Juni 1839 die Zahl der Obergerichts-Assessoren schon 1139 betrug, von denen mehr als 200 ohne Besoldung arbeiten, und daß diese Zahl noch immer im Steigen begriffen sei, daher um so mehr darauf gesehen werden könne und müsse, „daß nur durchaus und unbedingt tüchtige Männer" zu Obergerichts-Assessoren befördert werden. Im Jahre 1858 waren 470 Assessoren, 1860: 739, später 850 bis 950 „disponibel", d. i. ohne etatsmäßige Anstellung.*) Der vieljährige „unbesoldete Assessor" ist jetzt eine Art Fossil, den länger Zurückdenkenden steht er in sehr lebhafter, für ihn selbst keineswegs erfreulicher Erinnerung.

Hälschner**) berichtet, daß auf den sechs Preußischen Universitäten die Zahl der Juristen 1840 auf 982 gesunken, im Wintersemester 1846/7 auf 1211, im Winter 1851/2 auf 1689 gestiegen, dann wieder bis zum Winter 1858/9 auf 933 herabgegangen war. Es haben also im Laufe jener zwanzig Jahre sehr erhebliche Fluktuationen stattgefunden, und es hätte wohl eigentlich, wenn die jeweilige „Bedarfsfrage" über die Dauer des Rechtsstudiums entscheiden soll, gleichsam nach den Ernteausfällen, jeweilig ein viertes Jahr dem Studienplan hinzugefügt oder das dritte erlassen werden sollen! Das wäre doch mindestens eine consequente Anwendung der nationalökonomischen Wissenschaft, mit deren „Grundlagen" sich schon die Studenten vertraut machen sollen, an der leitenden Stelle.

Immerhin ist es völlig unbegreiflich, wie bei dem gegenwärtigen Frequenzstande die Befürchtung ausgesprochen werden darf, es werde in Zukunft bei Steigerung der bisherigen Anforderungen dem Preußischen Staat an den nöthigen Richtern (vielleicht auch Anwälten u. s. f.?) fehlen. Die bevorstehende Freigebung der Advokatur, die bessere Besoldung der Richter, die Zunahme des allgemeinen Wohlstandes bis vor wenigen Jahren, die geringeren Lockungen der commerciellen und industriellen Laufbahn in den letzten Jahren, wohl

*) S. auch Gneist, Freie Advokatur. S. 23 ff.

**) Das juristische Studium in Preußen. S. 6. 7.

auch die Einsicht, daß eine juristische Ausbildung sich aus verschiedenen Gründen für junge Männer der wohlhabenden Stände sehr empfehle, haben gerade gegenwärtig die Zahl der jüngeren Juristen über jedes frühere Maß erhöht. Die Zahl der Rechtskandidaten, welche die erste Preußische Staatsprüfung bestanden haben, ist seit dem Jahre 1869 bis zum Jahre 1876 von 1428 auf 2326 gestiegen.*) Die Zahl der in den juristischen Fakultäten der 9 Preußischen Universitäten — da Münster und Braunsberg wegfallen — immatrikulirten Preußischen Studenten, betrug im Wintersemester 1874/5 : 1836, im Sommersemester 1875 : 1849, im Wintersemester 1875/6 : 2008, im Sommersemester 1876 : 1965, im Wintersemester 1876/7 : 2186, im Sommersemester 1877 : 2052, von welchen weniger als der vierte Theil auf die neupreußischen Universitäten Göttingen, Marburg und Kiel fällt.**) Im gegenwärtigen Semester war bereits am 4. Dezember d. J. die Zahl der nur an der Berliner Hochschule immatrikulirten Juristen auf die unerhörte Summe von 1158 gestiegen, darunter 1015 Preußen. Erwägt man nun, daß an dem gleichen Tage in Leipzig 1069 Juristen immatrikulirt waren, — darunter sicher mindestens 400 Preußen — und daß hiergegen die möglicherweise (?) verminderte Frequenz einiger weniger Hochschulen gar nicht ins Gewicht fällt, daß endlich die Zahl der auf anderen nichtpreußischen Hochschulen studirenden Preußen bekanntlich eine sehr beträchtliche ist, so wird wohl auch das Preußische Justizministerium für die nächste Zukunft hinsichtlich der „Bedarfsfrage" außer Sorge sein dürfen. —

Wenn die Lehrer unserer höheren Schulanstalten thatsächlich vier Jahre studiren, und dies auch zu einer Zeit thaten, da sie auf alsbaldige Anstellung selten hoffen durften; wenn unsere Aerzte kaum vor Ablauf von fünf oder sechs Jahren ihre Studien beendigen, auch dann wo möglich noch ein oder zwei Jahre als Assistenten in Kliniken und Krankenhäusern arbeiten, endlich in den ersten Jahren der angeblich so lohnenden „Praxis" es selten weiter bringen, als zu Einem merkwürdigen Kranken oder zur Armenarztstelle mit 300 M. Besoldung;

*) Die Jahreszahlen sind: 1428; 1553; 1520 (das Jahr 1871); 1585; 1685; 1897; 1983; 2326 (1876). S. J. M. Bl. der betr. Jahre.

**) S. das amtliche Centralblatt f. das gesammte Unterrichtswesen in Preußen 1875, S. 226. 506; 1876, S. 332, 404; 1877, S. 196. 446. Das ergibt also immer noch erheblich mehr als der höchste Stand im Winter 1851/2.

wenn in allen übrigen größeren Deutschen Staaten, wo ja die Aussichten für „staatliche Versorgung“ wohl auch nicht günstiger sind, ein mindestens vierjähriger Studienkurs gesetzlich oder thatsächlich besteht, in Oesterreich schon 1753 — wie 1200 Jahre früher durch Justinian — sogar ein fünfjähriges Studium angeordnet wurde, noch jetzt für alle künftigen Advokaten, thatsächlich für einen großen Theil der übrigen Juristen besteht und von sachverständiger Seite neuerdings wieder allgemein verlangt wird, sollte da das berufene Wort „billig und schlecht“ gerade in Preußen der Ausbildung gerade desjenigen Standes eignen, welcher doch an Ansehen und Ehre hinter jenen anderen Ständen nicht zurückstehen, für Staat und Gesellschaft sicherlich eine gleiche Bedeutung beanspruchen darf! Weil man „die juristische Karriere nicht vertheuern dürfe“!

Der Preußische Staat zwingt, zu ihrem eigenen und des Vaterlandes Besten, die erwerbsfähige und erwerbsbedürftige Jugend zu dem für militärische „Durchbildung“ nothwendigen mehrjährigen Waffendienst; er verbietet oder schränkt ein die Beschäftigung jugendlicher Arbeiter in Fabriken, er beschränkt die Arbeitszeit jugendlicher Lehrlinge, er nöthigt einen Jeden zu langem, kostspieligem Schulbesuch. Alle diese schweren Opfer legt er nicht am Wenigsten den unbemittelten Ständen auf. Niemand murrt darüber. Aber für die unumgängliche Durchbildung seiner aus den intelligentesten und wohlhabendsten*) Klassen der Bevölkerung hervorgehenden Juristen und Verwaltungsbeamten, der künftigen Leiter des Staates und seiner engeren Kreise, der unentbehrlichen Berather des gesammten Volks darf er keinen Zwang üben, weil dazu das Land zu arm sei!

Man würde es begreifen und nicht murren, wenn der Justizminister, statt das „bewährte System“ zu empfehlen, vor dem Lande erklärte:

> Ich halte fest an der Annahme, daß vier Jahre praktischer Vorbereitung dem künftigen Richter, Anwalt, Verwaltungsbeamten unter allen Umständen unerläßlich sind. Aber ich

---

*) Notorisch befindet sich unter den Juristen die geringste Zahl von Stipendiaten und tritt für diese die geringste Zahl von Honorarstundungen ein. Das hat auch der hierin sehr erfahrene Oberpräsident v. Beurmann bereits 1868 bestätigt, als im Herrenhause die traurige Lage der Eltern u. dgl. sehr beweglich geschildert wurde. (Sten. Ber. I S. 131.)

habe mich auch während zehnjähriger Führung meines Amtes im Preußischen Staate überzeugt, daß der gesetzliche dreijährige Studienkurs nicht ausreicht, und daß das Gesetz die unbezwingliche „Tradition“ brechen muß. Es sind 73 Jahre verflossen, seitdem König Friedrich Wilhelm III. die dreijährige Studienzeit angeordnet hat, um dem verderblichen Eilen von der Universität zu steuern, eine gründliche und vielseitige Ausbildung der Juristen zu ermöglichen. Dieser Zeitraum ist nach den Verhältnissen der Gegenwart erfahrungsmäßig viel zu klein, auch ohne Berücksichtigung der thatsächlich in diese „Studienzeit“ für zahlreiche Studirende fallenden Militärzeit. Dem Lande muß das Opfer angesonnen werden, ohne welches jeder Reformversuch unausbleiblich scheitert. Wie in schwerster Zeit tiefsten Mißgeschicks, in bitterer Armuth der Preußische Staat sich eine neue große Hochschule gegründet hat, um eine Freistätte Deutscher Wissenschaft, eine bewährte Quelle reicher Bildung zu werden, so verlange ich heute, sieben Jahre nach der glorreichen, durch Blut und Bildung seiner Söhne erkämpften Gründung des Deutschen Reichs, daß nicht weiterhin durch ein veraltetes Gesetz unseren Studirenden die Bildungsquelle Deutscher Wissenschaft verschlossen werde. Ich verlange, daß gebrochen werde mit der bequemen, billigen Tradition und dem tief eingewurzelten Vorurtheil, auch ein unwissender Mensch könne ein tüchtiger Beamter und Anwalt werden. Ich scheue nicht die mir wohlbekannte Unpopularität eines derartigen Verlangens, indem ich eine achtjährige Vorbereitungszeit beantrage.

Diese Sprache würde das Land verstehen, die Sprache der Gesetzesmotive versteht es nicht.

Will der Justizminister dies nicht, und will auch die Landesvertretung weder die praktische Vorbereitungszeit auf die schlechthin ausreichende Dauer von drei Jahren herabmindern, noch neben der vierjährigen Praxis den vierjährigen Studienkurs vorschreiben, so mache man mindestens fürderhin dem Lande und sich selbst keine Illusionen; man erhebe auch nicht fernerhin höchst ungerechte Vorwürfe gegen die Universitäten, welche seit Jahrzehnten vergeblich wider die starre

„Tradition“ ringen; man tadle nicht die „Milde“ von Examinatoren, welche, auch wenn sie zur gründlichen Beurtheilung im Stande sind, nur milde sein können, so lange nicht der Staat Ernst zeigt. Man breche endlich einmal offen und ungeschminkt mit den Prinzipien der Kabinetsordres Königs Friedrich Wilhelm III., welche von den Studirenden der Rechtswissenschaft die Aneignung einer umfassenden humanen Geistesbildung verlangen, ja mit den Grundsätzen der um zehn Jahre älteren Allgemeinen Gerichtsordnung, welche den Rechtskandidaten „gründliche und zusammenhängende Kenntnisse in der Theorie der Rechtsgelehrsamkeit“ zumuthen. Man unterlasse, den vielen papiernen Forderungen die zwar nicht neue, aber doch verschärfte Zumuthung auch staatswissenschaftlicher Kenntnisse hinzuzufügen.

Will man ehrlich und offen mit der „Professorenweisheit“, mit dem Schein eines thörichten „Idealismus“ brechen, will man wirklich „praktisch“ sein, so stelle man doch ein mindestens klares und erreichbares Ziel auf. Man bestimme:

> Der künftige Richter, Anwalt, höhere Verwaltungsbeamte hat sich drei Jahre auf einer Universität aufzuhalten; nach Verlauf dieser Frist wird er von einer durch die Präsidenten der Oberlandesgerichte nach ihrem verständigen Ermessen gebildeten Prüfungskommission examinirt in der Encyclopädie — und selbstverständlich auch in der Methodologie — der Rechtswissenschaft, sowie in den Institutionen des Römischen Rechts. Auch hat er zu zeigen, daß er eine leichtere Stelle der Institutionen des Gaius richtig zu übersetzen wie zu interpretiren versteht und mit den Grundbegriffen der Nationalökonomie sich einigermaßen vertraut gemacht hat. Wer diesen Anforderungen nicht nachkommt, wird unfehlbar auf ein halbes Jahr zurückgestellt.

Unsere Preußischen Rechtsfakultäten werden sich ja allmählich auch diesem Standpunkt zu akkommodiren verstehen und das Preußische „Reservatrecht“ wird sich mühelos behaupten.

FSC
www.fsc.org
MIX
Papier | Fördert
gute Waldnutzung
FSC® C083411

Kolibri 360 GmbH
Ferdinand-Jühlke-Straße 7
99095 Erfurt, Deutschland
produktsicherheit@kolibri360.de